KB269026

我是来学汉语的。

저는 중국어를 배우러 왔습니다.

학습 목표
1. 처음 만났을 때의 인사말과 소개의 표현을 익혀 봅니다.
2. 동작은 이미 발생했지만 문장의 초점이 동작 자체에 있지 않고 동작이 발생한 시간·장소·방식·목적·조건 및 행위자를 강조하는 '是…的'에 대해 공부합니다.

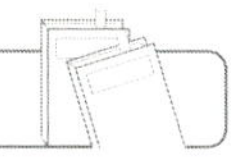

기본문형

1 请问, 您找谁？ 실례지만, 누구를 찾으십니까?

请问, 您怎么称呼？ 실례지만, 어떻게 불러 드려야 하나요?

请问, 您是哪国人？ 실례지만, 어느 나라 사람입니까?

请问, 您是什么地方人？ 실례지만, 어느 지방 사람입니까?

请问, 您是做什么工作的？ 실례지만, 어떤 일을 하십니까?

2 您好! 今天有幸认识您, 我很高兴。 안녕하세요! 운 좋게도 오늘 만나 뵙게 되어 기쁩니다.

您好! 认识您我很高兴! 안녕하세요! 만나서 반갑습니다.

您好! 我很高兴有机会认识您! 안녕하세요! 만나 뵐 기회가 생겨서 기쁩니다.

您好! 见到您我很高兴! 안녕하세요! 만나 뵙게 되어 반갑습니다.

3 我来自我介绍一下, 我叫崔美珍。
제 소개를 하겠습니다. 저는 최미진이라고 합니다.

我来做一个自我介绍, 我叫崔美珍。
제 소개를 하겠습니다. 저는 최미진이라고 합니다.

我先自我介绍一下吧, 我叫崔美珍。
먼저 제 소개를 하겠습니다. 저는 최미진이라고 합니다.

4 这位是我的导师。 이분은 제 지도 교수이십니다.

这位是我的太太。 이 사람은 제 부인입니다.

这位是王小姐。 이 사람은 王小姐입니다.

这位是金教授。 이 사람은 金教授이십니다.

这位是李经理。 이 사람은 李经理이십니다.

5 我是新来的学生，是从韩国来的。 저는 새로 온 학생이고, 한국에서 왔습니다.

我是新来的学生，是从加拿大来的。 저는 새로 온 학생이고, 캐나다에서 왔습니다.

我是新来的学生，是从日本来的。 저는 새로 온 학생이고, 일본에서 왔습니다.

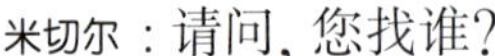

米切尔 : 请问，您找谁?
실례지만, 누구를 찾으십니까?

美珍 : 哦，我来自我介绍一下。我是新来的学生。我叫崔美珍，是从韩国来的。办公室老师安排我住这儿。
아, 제 소개를 하겠습니다. 저는 새로 온 학생입니다. 崔美珍이라고 하고, 한국에서 왔습니다. 사무실 선생님께서 이곳으로 배정해 주셨습니다.
▷ '来' 는 다른 동사 앞에 쓰여 '어떤 일을 하겠다' 는 적극성을 나타냅니다.

米切尔 : 那我们是同屋啦! 请进。我叫米切尔。我是加拿大人。
그럼 우리는 룸메이트네요. 들어오세요. 저는 米切尔이고, 캐나다 사람입니다.
▷ '那' 는 접속사로 '그러면', '그렇다면' 의 의미를 나타냅니다.

美珍 : 认识您，我很高兴。以后还请您多多帮助。
만나서 반갑습니다. 앞으로 많이 도와주세요.

米切尔 : 别客气，我们是同屋，就得互相帮助嘛。
뭘요. 우리는 룸메이트이니까 서로 도와야죠.
▷ '我们是同屋, 就得互相帮助嘛' 는 '别客气' 의 이유이며, '嘛' 는 이유가 분명하다는 의미를 나타냅니다.

美珍 : 谢谢! 고맙습니다.

米切尔 : 我是来学汉语的。您是来学汉语的，还是来学别的专业的?
저는 중국어를 배우러 왔습니다. 당신은 중국어를 배우러 왔나요, 아니면 다른 전공 공부를 하러 왔나요?

美珍 : 我也是学汉语的。 저도 중국어를 배우러 왔습니다.

01 是…的 용법

(1) A: 他父亲来了，你知道吗? 그의 아버지가 오셨는데, 너는 알고 있니?

B: (是)什么时候来的? 언제 오셨는데?

A: 昨天下午。　어제 오후.

(2) A: 我昨天买了一台洗衣机。　나 어제 세탁기 한 대 샀어.

　　▷ '台'는 '대, 편, 회, 차례'의 의미를 가진 양사로 기계·차량이나 연극의 공연 횟수 따위를 셀 때 쓰입니다.

B: (是)在哪儿买的? 어디에서 샀는데?

A: 在学校附近的一家商店买的。　학교 근처의 한 가게에서 샀어.

(3) 我是来读研究生的。　나는 대학원에 다니러 왔다.

(4) 我俩都是中文系的(学生)。　우리 둘은 모두 중문과 학생이다.

(5) 这是喝水的(杯子), 那是刷牙的(杯子)。　이것은 물을 마시는 컵이고, 저것은 이를 닦는 컵이다.

　　▷ '刷牙' 'shuāyá' 이를 닦다

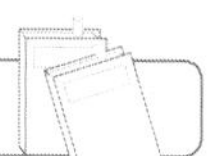

小李 ：我来介绍一下, 这位就是我的导师周江教授, 这位是韩国留学生崔美珍, 是
　　　中文系吴双教授的学生。

　　　내가 소개할게. 이분은 내 지도 교수이신 周江교수님이셔. 이쪽은 한국 유학생인 崔美珍입니다. 중문과 吴
　　　双 교수님 지도를 받는 학생입니다.

美珍 ：您好, 周教授。今天有幸认识您, 我很高兴。这是我的名片, 以后还请多多
　　　指教。

　　　周 교수님, 안녕하십니까? 오늘 만나 뵙게 되어 매우 반갑습니다. 이것은 제 명함입니다. 앞으로 많은 지도편
　　　달 바랍니다.

　　　▷ '多多'는 부사로 '많이', '대단히', '충분히', '거듭거듭'의 의미를 나타냅니다. '多多指教'는 '많은 지도편달 바랍니
　　　　다'의 의미로 자주 쓰입니다.

周教授 ：不客气, 我和吴教授是多年的老朋友啦。

　　　아닐세. 나는 吴 교수아 오랜 친구인걸.

　　　▷ '啦'는 동작이나 행위가 이미 완료되었을 때 바뀌지 않는 지속의 느낌을 나타낼 때 쓰입니다.

小李 ：美珍同学对中国现代文学也很感兴趣。

　　　美珍는 중국 현대 문학에도 관심이 많습니다.

周教授 ：那很好。有时间和小李一起去我家坐坐。

　　　잘됐군. 시간 날 때 小李와 우리 집에 놀러 와요.

美珍 ：谢谢! 我一定去拜访您。

　　　고맙습니다! 꼭 찾아 뵙겠습니다.

01 来

(1) (让)我来介绍一下, 这位是我的朋友小王。
제가 소개하겠습니다. 이쪽은 제 친구 小王이라고 합니다.

(2) (让)我来试试。 제가 해 보겠습니다.

(3) 你来念一遍。 네가 한 번 읽어 봐라.

(4) 这件事怎么办, 大家一起来想想办法吧。
이 일을 어떻게 해야 할지, 다 함께 방법을 생각해 보자.

02 就

1 (1) (因为)身体不好, (所以)就休息了两天。 몸이 좋지 않아서 이틀 쉬었다.

▷ '因为~所以'는 인과 관계를 나타내는 접속사이며 인과 복문의 앞절에 많이 쓰여 어떤 상황의 발생이나 존재의 원인을 표현합니다.

(2) (如果)有空就来我家玩玩。 시간이 나면 우리 집에 놀러 와라.

(3) (只要)努力学习, 就一定能学好。 열심히 공부하기만 하면 틀림없이 마스터할 수 있다.

▷ '只要'는 주로 부사 '就'와 결합하여 '只要A, 就B' 형식을 구성합니다. 이 형식은 '만약 A 조건이 존재하면, B가 있음'을 나타냅니다.

2 (1) 你就叫我小李好了。 나를 그냥 小李라고 부르면 된다.

(2) A: 谁是崔美珍? 누가 崔美珍입니까?

B: 我就是。 바로 접니다.

(3) 你看, 前面那幢楼就是我们的宿舍。 봐, 앞에 있는 저 건물이 우리 기숙사야.

听力 Test

① 女: 你们班都是新同学吗? 너희 반 학생은 모두 신입생이니?

男: 不, 我们班一共八个学生, 其中三个是老同学。
아니야. 우리 반 학생은 모두 여덟 명인데, 그 중 세 명이 원래 있던 학생들이야.

问: 他们班有几个新学生? 그들 반에는 모두 몇 명의 신입생이 있습니까?
정답 B

② 女: 昨天的网球比赛怎么样? 어제 배구 경기 어땠어?

男: 棒极了! 정말 대단했지!

问: 昨天的网球比赛好看不好看? 어제의 배구 경기는 재미있었습니까?
정답 A

③ 女: 这是我的名片, 上面有我的电话号码。

이것은 제 명함이고요. 위에 제 전화번호가 쓰여 있습니다.

男: 谢谢。 고맙습니다.

问: 女的给男的什么东西？ 여자는 남자에게 무엇을 주었습니까?

정답 B

④ 女: 你下午有什么安排吗？ 너 오후에 무슨 계획 있니?

男: 没有。 없는데.

问: 男的下午有没有空？ 남자는 오후에 시간이 있습니까?

정답 A

⑤ 女: 这位是中文系的周江教授。 이분은 중문과의 周江 교수님이십니다.

男: 今天有幸认识您, 我很高兴。 오늘 만나 뵙게 되어 기쁩니다.

问: 男的以前认识周江教授吗？ 남자는 예전에 周江 교수를 알았습니까?

정답 C

⑥ 女: 你在中国要多交中国朋友。 중국에서 중국 친구를 많이 사귀도록 해.

男: 那当然, 已经交了不少了。 그거야 당연하지. 이미 많이 사귀었어.

问: 男的现在有中国朋友吗？ 남자는 지금 중국 친구가 있습니까?

정답 C

⑦ 男: 美珍是你的同班同学吗？ 美珍은 너와 같은 반이니?

女: 不是, 她是我的朋友, 来学汉语的。我们住一块儿。

아니야. 그 애는 내 친구인데 중국어를 배우러 왔어. 우리는 같은 곳에 살아.

问: 美珍是谁？ 美珍는 누구입니까?

정답 C

⑧ 女: 你也是中文系的？ 너도 중문과니?

男: 我以前是中文系的, 现在是历史系的研究生。

나는 예전에는 중문과였는데 지금은 역사과 대학원생이야.

问: 男的现在的专业是什么？ 남자의 현재 전공은 무엇입니까?

정답 B

⑨ 女: 你也住二号楼？ 너도 2동에 사니?

男: 对, 二号楼五零三室。 응. 2동 503호에 살아.

问: 男的房间号码是多少？ 남자의 방 번호는 몇 호입니까?

정답 B

⑩ 女: 我汉语说的不怎么样, 还请多多指教。

저는 중국어를 그리 잘하지 못합니다. 많이 가르쳐 주세요.

男: 别客气, 你说得挺好的。 별말씀을요. 아주 잘하시는데요.

问: 女的自己觉得她的汉语怎么样？ 여자는 자신의 중국어 실력이 어떻다고 생각합니까?

정답 C

美珍是韩国人。她是今年六月来中国的。她是来学汉语的。来中国以后，她交了两个中国朋友，一个叫小李，一个叫明明。他们常常在一起打网球。今天，小李带她去见自己的导师周江教授。周教授是研究现代文学的。美珍对中国的现代文学也感兴趣。能有机会认识周教授，美珍感到非常高兴。

해석_ 美珍은 한국인이다. 그녀는 올해 6월에 베이징에 왔다. 그녀는 중국어를 배우러 왔다. 중국에 와서 그녀는 두 명의 중국인 친구를 사귀었는데, 한 명은 小李이고, 다른 한 명은 明明이다. 그들은 자주 함께 테니스를 친다. 오늘 小李는 美珍을 데리고 자신의 지도 교수인 周江 교수님을 만나러 갔다. 周 교수님은 현대 문학을 연구한다. 美珍는 중국의 현대 문학에도 관심이 매우 많다. 周 교수님을 알게 되어서 美珍는 매우 기뻤다.

❶ 정답 B　　❷ 정답 C　　❸ 정답 A　　❹ 정답 C

❺ 정답 C　　❻ 정답 A　　❼ 정답 A

综合 Test

❶ 我 姓 王, 叫 王海。

❷ 请问, 您怎么 称呼 ?

❸ 对不起, 请问, 哪位 是 周江教授?

❹ A : 您好!
　 B : 您好! 我叫崔美珍, 我姓崔, 美人的美, 珍珠的珍。
　　　 请问, 怎么称呼您 ? (称呼)
　 A : 我叫李月明, 木子李, 月亮的月, 明亮的明。 (李月明)

❺ 美珍　 : 介绍一下, 这是我同屋, 米切尔。这是我的中国朋友小李。
　 米切尔 : 认识您我很高兴。 (认识, 高兴)
　 小李　 : 我也很高兴。 (也)

❻ 小李 : 这位是我的导师周教授。这位是韩国留学生崔美珍。
　 美珍 : 今天有幸认识您, 我很高兴。 (有幸)

作文 Test

❶ 我来自我介绍一下。我是新来的学生。

❷ 我们是同屋，就得互相帮助嘛。

❸ 我是来读研究生的。

❹ 这位是我的导师。

❺ (因为)身体不好，(所以)就休息了两天。

❻ 你来念一遍。

❼ 我俩都是中文系的(学生)。

PART 02

让你费心了。

당신에게 걱정을 끼쳤습니다.

학습 목표
1. 다양한 감사의 표현을 익혀 봅니다.
2. '…에게 …시키다'라는 사역을 나타내는 '让'과 '…에게 …되다'라는 피동을 나타내는 '被'용법에 대해 알아봅니다.

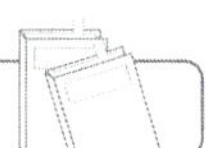

기본문형

1

A: **多谢你借给我电脑!**
컴퓨터 빌려 줘서 고마워.

B: **不用谢。**
고맙긴.

A: **多谢你借给我电脑!**
컴퓨터 빌려 줘서 고마워.

B: **不客气。**
천만에.

A: **多谢你借给我电脑!**
컴퓨터 빌려 줘서 고마워.

B: **没什么。**
뭘.

A: **多谢你借给我电脑!**
컴퓨터 빌려 줘서 고마워.

B: **没事儿。**
아냐.

2

A: **太感谢你了!**
대단히 고맙습니다.

B: **不用客气。**
아닙니다.

A: **非常感谢!**
정말 고마워.

B: **不用客气。**
아냐.

A: **感谢您和您夫人对我的盛情款待!**
당신과 부인께서 환대해 주셔서 정말 고맙습니다.

B: **不用客气。**
아닙니다.

A: **我真不知道怎么感谢您才好。**
고마움을 어떻게 표현해야 할지 모르겠습니다.

B: **不用客气。**
아닙니다.

3

A: **让你费心了!** 걱정 끼쳤습니다.

B: **没关系。** 아닙니다.

A: **叫您受累了!** 수고를 끼쳤습니다.

B: **没关系。** 아닙니다.

A: **给您添麻烦了!** 폐를 끼쳤습니다.

B: **没关系。** 아닙니다.

▷ 사역을 나타내는 '叫', '给', '让'는 '了'와 '过'를 함께 쓸 수 있습니다.

4. 多亏你一路照料，要不我真不知道怎么回来呢。
당신의 보살핌 덕분이지요. 그렇지 않았으면 어떻게 돌아왔을지 모르겠습니다.

多亏你提醒我，要不我还真忘了呢。
네가 일깨워 줘서 다행이지. 그렇지 않았으면 잊어버렸을 거야.

多亏他告诉我，要不就错过机会了。
그가 알려 줘서 다행이지, 그렇지 않았으면 기회를 놓칠 뻔했습니다.

▷ '要不'은 '그렇지 않으면', '그러지 않으면'의 의미를 나타냅니다.

5. 朋友间提这些干吗？ 친구 사이에 그런 말은 왜 하니?

你问这件事干吗？ 네가 그 일을 물어서 뭐 하게?

你这么着急干吗？ 뭐 하러 그렇게 조급해하니?

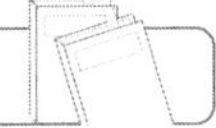

小李 : 美珍, 你现在好点儿了吗?
美珍, 지금은 좀 좋아졌니?

美珍 : 让你费心了, 我好多了, 谢谢。你的粥真好吃!
너한테 걱정을 끼치는구나. 나 많이 좋아졌어. 고마워. 네가 가져온 죽 정말 맛있다.

小李 : 还想吃点儿什么吗? 또 뭐 먹고 싶어?

▷ '还想吃点儿什么吗?'는 일반 의문문이며, '还想吃点儿东西吗?(뭘 좀 더 먹고 싶니?)'라는 의미를 나타냅니다. 여기에서 '什么'는 의문사가 아니라 '무엇(이든지)', '아무것(이나)'의 뜻으로, 확정적인 아닌 사물을 나타내는 대명사의 역할을 합니다. 따라서 문장 끝에 '吗'를 씁니다.

美珍 : 不, 够了。我真不知道该怎么感谢你才好! 陪了我一晚上, 叫你受累了。
아니야. 충분해. 정말 네게 어떻게 감사해야 할지 모르겠다. 저녁 내내 나와 함께 있어 주느라 피곤하겠다.

▷ '陪了我一晚上'에서 '一晚上'은 '整个晚上(저녁 내내)'라는 의미를 나타냅니다.

小李 : 快别说了。朋友间提这些干吗?
그런 말 마. 친구 사이에 그런 말은 왜 하니?

▷ '别说了'는 '别提了'로 바꿔 쓸 수 있고, 둘 다 '말도 마요~', '얘기도 꺼내지 마세요'의 의미를 나타냅니다.

美珍 : 可我实在过意不去, 平时也一直得到你的照顾。那次去黄山, 我伤了腿, 多亏你一路照料。要不, 真不知道怎么回来呢。
그렇지만 정말로 미안한걸. 평소에도 항상 날 돌봐 주잖아. 저번에 황산에 갔을 때 내가 다리를 다쳤을 때에도 네가 줄곧 돌봐 주지 않았더라면 어떻게 돌아올 수 있었을지 모르겠다.

▷ '过意不去'는 '미안해하다', '죄송하게 생각하다'의 의미를 나타냅니다.

▷ '回来'는 '동사回 + 방향보어来'가 결합된 형태입니다.

小李 : 都是些小事, 别放在心上。快躺下, 再好好儿睡一觉吧。
별것 아닌 일인데 마음에 두지 마. 어서 누워서 한숨 더 자.

美珍　：你也该休息一下了。 너도 좀 쉬어야지.

01　让 / 叫 – 사역 동사

(1)　这件事叫我很感动。 이 일은 나를 매우 감동시켰다.

(2)　让你久等了。 오래 기다렸지(내가 너를 오래 기다리게 했다).

(3)　让我过去。 지나가게 해 주세요.

02　干吗

(1)　A: 这个消息要不要告诉他? 이 소식을 그에게 알려야 할까?

　　　B: 告诉他干吗? (= 不用告诉他) 알려서 뭐 하니? (알릴 필요 없다)

(2)　A: 谢谢你。 고마워.

　　　B: 谢我干吗, 你应该谢他。(= 不用谢我)

　　　　나한테 고마워해서 뭐 하니, 그에게 고마워해야지. (나에게 고마워할 필요 없다)

03　多亏

(1)　这次多亏了你, 我们才完成了任务。

　　　이번에 네 덕분에 우리가 겨우 임무를 완수할 수 있었어.

(2)　多亏带了地图, 要不我们就迷路了。

　　　지도가 있었기에 다행이지, 아니었으면 우리는 길을 잃을 뻔했다.

美珍　：小李, 多谢你借给我电脑, 我那篇文章终于写出来了。

　　　小李. 컴퓨터 빌려 줘서 정말 고마워. 그 글 마침내 다 썼어.

　　　▷ '出来'는 복합방향보어로서 동사 뒤에 쓰여 동작이 안에서 바깥으로, 멀리에서 기끼이로 행해지는 것을 나타냅니다.

小李　：不用谢。电脑搁桌上就行了。

　　　고맙긴 뭘. 컴퓨터는 그냥 책상에 놓으면 돼.

美珍　：这几天让我借去用了, 你不方便了吧?

　　　며칠 동안 나에게 빌려 주느라 불편했지?

小李　：没关系。以后要用的话, 来拿就是了。

　　　괜찮아. 다음에도 필요하면 그냥 가져가.

美珍 : 那太不好意思了。不过，需要修改的话，大概还要来借一次。
그럼 너무 미안한데. 그렇지만 수정하려면 아마 한 번 정도 더 빌려야 할 거야.
▷ '～的话'는 가정(假定)의 어기를 나타냅니다.

小李 : 别客气，尽管拿去用。　괜찮아. 마음 놓고 가져다 써.

美珍 : 那太感谢你了。这是我在杭州买的茶叶，一点儿小意思，请你收下。
너무 고마워. 이거 내가 항저우에서 산 찻잎인데. 내 마음이니까 받아 줘.
▷ '一点儿'은 수량이 아주 적음을 나타내며, 단독으로도 쓰이지만, 형용사 뒤에서 수량보어로 쓰이거나 명사 앞에서 관형어로도 쓰입니다.

小李 : 多谢! 你知道我爱喝茶，那就不客气啦!
고마워! 내가 차 좋아하는 것을 알았구나. 그럼 사양하지 않을게.

어법배우기

01 让 – 피동 개사

(1) 花瓶让孩子打破了。　아이가 화병을 깼다.(화병이 아이에 의해 깨졌다)
(2) 我的自行车叫他借走了。　그가 내 자전거를 빌려 갔다.(내 자전거가 그에 의해 빌려져 갔다)
(3) 让人笑话。　남에게 웃음거리가 되다.

02 尽管 – 부사

(1) 你有什么困难尽管对我说吧。　무슨 어려운 일 있으면 마음 놓고 나에게 이야기해.
(2) 时间还早，大家尽管慢慢谈。　아직 시간이 이르니 모두들 마음 놓고 이야기 나누세요.
(3) 您尽管说吧。只要我办得到，一定帮忙。
마음 놓고 말씀하세요. 제가 할 수 있는 한, 꼭 도와드리겠습니다.
(4) 有意见尽管提，不要客气。　의견이 있으시면 내놓으세요. 괜찮습니다.

听力 Test

❶ 女: 多亏你帮了大忙，要不我真不知道怎么办呢!
네가 많이 도와줘서 다행이지, 그렇지 않으면 어떻게 했을지 몰라!
男: 没什么。　별것 아니야.
问: 男的干了什么?　남자는 무엇을 했습니까?
정답 B

❷ 女: 你现在舒服点儿了吗?　이제 좀 편해졌어?
男: 比刚才好多了。　조금 전보다 많이 나아졌어.
问: 男的身体怎么样?　남자의 몸 상태는 어떻습니까?
정답 C

❸ 女: 你倒是快点儿呀！ 어서 서둘러!
　　男: 干吗这么着急, 不是还有半个小时吗？
　　　　뭘 그리 서둘러, 아직 30분이나 남았잖아?
　　问: 男的是什么意思？ 남자의 말은 무슨 뜻입니까?
　　　　정답 B

❹ 女: 你终于来了。 너 드디어 왔구나.
　　男: 对不起, 让你久等了。 미안해. 오래 기다렸지?
　　问: 女的怎么样？ 여자의 상황은 어떻습니까?
　　　　정답 A

❺ 男: 都是些家常菜, 不知道合不合你的口味？
　　　　모두 평소에 먹던 대로인데, 입맛에 맞으실지 모르겠습니다.
　　女: 太好吃了, 您夫人的手艺真不错。
　　　　정말 맛있어요. 부인께서 솜씨가 정말 좋으세요.
　　问: 女的在哪儿？ 여자는 어디에 있습니까?
　　　　정답 C

❻ 女: 文章写好了？ 글 다 썼니?
　　男: 刚刚写出来, 还得再修改一下。 방금 다 썼는데, 아직 좀 수정해야 해.
　　问: 男的还要干什么？ 남자는 무엇을 더 해야 합니까?
　　　　정답 C

❼ 女: 你的照相机呢？ 네 카메라는?
　　男: 让一位美国同学借去了。 미국 친구가 빌려 갔어.
　　问: 男的照相机在哪儿？ 남자의 카메라는 어디에 있습니까?
　　　　정답 C

❽ 女: 这是你的洗衣机吗？ 이것이 네 세탁기니?
　　男: 对, 你要洗衣服的话, 尽管用就是了。 맞아. 너 세탁할 옷 있으면 마음껏 써.
　　问: 男的洗衣机别人可以用吗？ 남자의 세탁기를 다른 사람이 사용할 수 있습니까?
　　　　정답 A

❾ 女: 我明天得去北京办点儿事儿, 能不能请您费心照顾一下我的孩子？
　　　　제가 내일 볼일을 보러 베이징에 가야 하는데요, 제 아이 좀 돌봐 주실 수 있으세요?
　　男: 没问题, 你尽管放心去吧。
　　　　그럼요. 걱정 마시고 다녀오세요.
　　问: 从明天开始, 男的有什么事要做？ 내일부터 남자는 무슨 일을 해야 합니까?
　　　　정답 A

❿ 女: 他这几天在忙什么？ 그는 요 며칠 뭐 하느라 바쁜 거야?
　　男: 还不是一天到晚坐在电脑前面。 하루 종일 컴퓨터 앞에 붙어 있잖아.
　　问: 他这几天怎么样？ 그는 요 며칠 어떻습니까?
　　　　정답 C

美珍来中国以后，小李对她非常关心。有一次，美珍的身体不舒服，小李就陪她去医院看病。平时，小李常常给她修改文章，辅导她学汉语，还把自己的电脑借给她用。昨天晚上，美珍在小李家吃晚饭。他妈妈的手艺非常好，她做了许多菜，让美珍大饱口福。小李一家对美珍这么热情，叫她非常感动。

해석 美珍이 중국에 온 뒤로 小李는 그녀에게 매우 신경을 써 줬다. 한번은 美珍이 아팠는데, 小李가 그녀를 데리고 병원에 가서 진찰을 받았다. 평소에 小李는 그녀의 글을 고쳐 주고, 중국어 과외도 해 주며, 자기 컴퓨터를 빌려 주기도 한다. 어제 저녁 美珍이 小李 집에서 밥을 먹었다. 小李 엄마는 음식 솜씨가 아주 좋았다. 그녀는 음식을 아주 많이 차렸고, 美珍은 아주 맛있게 먹었다. 小李 가족의 이러한 친절에 美珍은 매우 감동했다.

❶ 小李 _陪_ 美珍去 _医院_ 看病。

❷ 小李常常帮她 _修改_ 文章, 辅导她学习 _汉语_ 。

❸ 小李把自己的 _电脑_ 借给她。

❹ 昨天晚上, 小李一家盛情 _款代_ 了美珍。

❶ A: _谢谢_ ！
B: 不用谢!

❷ A: 非常 _感谢_ ！
B: 不用客气!

❸ 请向你母亲 _致谢_ 。

❹ A: 这是我做的菜, 来, 尝尝。
B: 好, 那我就 _不客气_ 了。

❺ A: 一点小意思, 请收下。
B: 哎呀, 你 _太客气_ 了!

❻ 大家随便吃吧, _别客气_ 了!

❼ 您这么关心我, 我实在是 _过意不去_ 。(过意)

❽ 昨天晚上你们准备了那么多好吃的菜, 我真是 _大饱口福_ 啊!(口福)

❾ 这几天你的电脑让我借去用了, 你自己 _不方便_ 了吧? (方便)

❿ 老是来向您请教问题, 真 _不好意思_ ! (意思)

⑪ 谢谢, 给您 <u>添麻烦</u> 了! (麻烦)

作文 Test

❶ 这件事叫我很感动。

❷ 这次多亏了你, 我们才完成了任务。

❸ 朋友间提这些干吗?

❹ 花瓶让孩子打破了。

❺ 你有什么困难尽管对我说吧。

❻ 让我过去。

❼ 让你费心了。

PART 03

我想请你吃顿饭。
당신에게 식사를 대접하고 싶습니다.

학습 목표
1. 약속을 잡을 때 사용하는 표현을 익혀 봅니다.
2. 장소·시간·방향·대상·원인·이유·근거를 나타내는 '于'의 쓰임에 대해 알아봅니다.

기본문형

1　A: 我想请你吃顿饭。　　　　　　　　　　B: 谢谢。
　　　당신에게 식사 대접을 하고 싶습니다.　　　　고맙습니다.

　　A: 我想请你一起去看京剧。　　　　　　B: 谢谢。
　　　당신과 경극을 보러 가고 싶습니다.　　　　고맙습니다.

　　A: 请您光临我们的庆祝酒会。　　　　　B: 谢谢。
　　　우리의 경축 파티에 왕림해 주세요.　　　　고맙습니다.

2　平时我们俩忙于学习。　　평소에는 우리 둘 다 공부하느라 바쁘다.

　　出于不得己。　　부득이한 사정에 의하다.

　　他生于1990年。　　그는 1990년에 태어났다.

3　A: 我们在杂技场一号门见面。　　　B: 好的。
　　　우리 서커스장 1번 문에서 만나자.　　　좋아.

　　A: 我在饭馆门口等你。　　　　　　B: 好的。
　　　식당 입구에서 기다릴게.　　　　　좋아.

　　A: 到时候我在大厅等您。　　　　　B: 好的。
　　　도착한 후, 홀에서 기다리겠습니다.　　좋아요.

4　星期五晚上五点半，我在"蓝屋"等你。　금요일 저녁 5시 반에 '蓝屋'에서 기다릴게.

　　星期五晚上五点半，我去接您。　금요일 저녁 5시 반에 마중갈게.

　　星期五晚上五点半，我去叫你。　금요일 저녁 5시 반에 널 부르러 갈게.

⑤ 好，一言为定。 좋아, 한마디로 정하자.

好，不见不散。 좋아, 만날 때까지 기다리도록 하자.

好，就这样说定了。 좋아, 이렇게 정하자.

美珍 : 杰伦, 你这个星期哪天比较有空儿? 我想请你吃顿饭。
　　　 杰伦, 이번 주 중 무슨 요일에 좀 한가해? 내가 식사를 대접하고 싶은데.

杰伦 : 不用这么客气。 그렇게 신경 쓸 필요 없어.

美珍 : 你一直很照顾我。平时我们俩都忙于学习, 抽不出空来好好聊聊。我很想和
　　　 你一起吃顿饭, 增进了解。
　　　 항상 나를 보살펴 주잖아. 평소에는 우리 둘 다 공부하느라 바빠서 이야기할 시간을 내지 못하잖아. 우리 함께
　　　 밥도 먹고 서로 알아갔으면 좋겠어.
　　　 ▷ '于' 는 '~때문에' 의 뜻으로 원인을 나타냅니다.
　　　 ▷ '抽不出空来' 는 '抽空' 과 '抽不出来' 가 결합한 표현으로 '짬을 낼 수 없다' 라는 의미를 나타냅니다.

杰伦 : 我也很希望和你多来往, 但吃饭就免了吧。
　　　 나도 서로 왕래를 많이 했으면 좋겠어. 하지만 식사 대접은 됐어.

美珍 : 只是吃顿便饭。听说新开的那家"蓝屋"餐厅的厨师手艺不错, 是数得上的广
　　　 东名师。我们去那里尝尝怎么样? 星期五晚上方便吗?
　　　 그저 밥 한 끼 먹는 건데. 듣자 하니, 새로 개업한 '란우' 레스토랑 주방장이 솜씨가 좋고, 유명한 광동 요리사
　　　 래. 거기 가서 좀 먹어 보면 어떨까? 금요일 저녁 괜찮아?

杰伦 : 好的。那就星期五晚上吧。
　　　 좋아. 그럼 금요일 저녁으로 하자.

美珍 : 好, 一言为定。星期五晚上五点半, 我在"蓝屋"等你。
　　　 좋아요, 그럼 정한 거야. 금요일 저녁 다섯 시 반, '란우' 에서 기다릴게.
　　　 ▷ '一言为定' 은 대화의 마지막에 쓰여, 최종적으로 정해져 바뀌지 않음을 나타냅니다. .

01 于

(1) 他生于一九八八年。 그는 1988년에 태어났다.

(2) 他二零零二年毕业于北京大学。 그는 2002년에 베이징 대학을 졸업했다.

(3) 满足于现状。 현재 상태에 만족하다.

18

 数得上

(1) 他的汉语在我们班是数得上的。 그의 중국어는 우리 반에서 손꼽힌다.
(2) 东方明珠是亚洲最高的电视塔, 在世界上也是数得上的。
동방명주는 아시아에서 가장 높은 방송수신탑이며, 세계에서도 손꼽힌다.

02 尝尝

(1) 你尝尝这个菜。
이 요리를 맛 좀 봐라.
(2) 你什么时候有空? 我想跟你谈谈。
너 언제 시간 있니? 나랑 좀 이야기하고 싶은데.
(3) 这个字是什么意思, 你能不能给我解释解释?
이 글자는 무슨 뜻이니? 나에게 해석 좀 해 주겠니?
(4) 请等一等, 让我想想。 좀 기다려 줘. 생각 좀 해 볼게.

상황회화 2

美珍 ：小李吗? 我是美珍。你星期六晚上有空吗? 我想请你一起去看杂技。
小李니? 나 美珍이야. 너 토요일 저녁에 시간 있어? 같이 서커스 보러 가고 싶은데.

小李 ：是哪个杂技团? 어느 서커스단인데?

美珍 ：河南杂技团。他们这次出国演出, 路过北京。
허난 서커스단이야. 이번에 해외 공연을 가는 길에 베이징에 들른대.
▷ '路过' 는 동사로 '(일정한 곳을) 거치다, 통과하다' 의 의미를 나타냅니다.

小李 ：太好了! 我早就听说, 河南杂技团在全国是数得上的。
정말 잘됐다! 허난 서커스단은 전국에서도 유명하다고 벌써부터 들었어.
▷ '数得上' 은 '数得着' 라고도 쓰며, 비교적 뛰어나거나 기준에 부합한다는 의미를 나타냅니다. 부정형은 '数不上(数不着)' 입니다.

美珍 ：星期六晚上七点, 我们在杂技场一号门见吧。
토요일 저녁 일곱 시. 서커스장 1번 문에서 만나자.

小李 ：那么, 我们干脆提前一个半小时, 在杂技场对面的西餐馆二楼见面。我请你吃西餐。五点半你到得了吗?
그럼 아예 한 시간 반 당겨서 서커스장 건너편 레스토랑 2층에서 만나자. 내가 양식 사 줄게. 다섯 시 반까지 올 수 있어?

美珍 ：你不用客气…… 그럴 필요 없는데……

小李 ：好, 就这样说定了。五点半, 在西餐馆二楼。不见不散。

좋아. 그럼 그렇게 약속한 거야. 다섯 시 반, 레스토랑 2층. 올 때까지 기다릴 거야.

▷ 不见不散 은 만날 시간이나 장소를 정한 뒤 자주 쓰는 말이며, 서로 만날 때까지 그 장소에서 기다리겠다는 의미를 나타냅니다.

어법배우기

01 干脆

(1) 他说话很干脆。 그는 아주 명쾌하게 말한다.

(2) 你有什么意见就干脆说吧。 할 말이 있으면 시원하게 해라.

(3) 找了很多地方都没找到，干脆不找了。
　　 많은 곳을 찾아 봤지만 찾지 못했다. 아예 안 찾겠다.

(4) 你看，干脆马上给他打个电话，叫他别来了。
　　 그럼 아예 바로 그에게 전화해서 오지 말라고 해.

02 …得了/…不了

(1) 今天他身体不舒服，上不了课了。 그는 오늘 몸이 안 좋아서 수업을 들을 수 없다.

(2) 这么多的菜，我们吃不了。 이렇게 많은 음식을 우리는 다 먹을 수 없다.

(3) 下这么大的雨，他还来得了吗？ 비가 이렇게 많이 오는데, 그가 올 수 있겠니?

听力 Test

❶ 女: 这场音乐会的票有六十块的、一百二的、两百的，学生免费。
　　 이 음악회 표는 60위안, 120위안, 200위안짜리가 있고, 학생은 무료입니다.

　　男: 我是大学生，这是我的学生证。 저는 대학생입니다. 학생증 여기 있습니다.

　　问: 他付了多少钱？ 그는 얼마를 냈습니까?
　　　 정답 A

❷ 女: 晚会不是七点开始吗？ 파티는 7시에 시작하는 것 아니야?

　　男: 改了，他们说得提前一个小时。 바뀌었어. 한 시간 일찍 시작한다고 했어.

　　问: 晚会几点开始？ 파티는 몇 시에 시작합니까?
　　　 정답 C

❸ 女: 我们在哪儿见面？ 우리 어디에서 만날까?

　　男: 展览馆对面有个西餐厅，我们就在餐馆门口见面吧。
　　　 전시관 맞은편에 레스토랑이 있어. 우리 그 레스토랑 입구에서 만나자.

　　问: 他们在哪儿见面？ 그들은 어디에서 만납니까?
　　　 정답 B

❹ 女: 他的英语真棒！ 그는 영어를 정말 잘한다!

　　男: 他那口美国音，在全系是数得上的。 그의 그 미국식 발음은 과 전체에서 손꼽히지.

问: 他的英语怎么样? 그의 영어 실력은 어떻습니까?
정답 B

⑤ 女: 坐飞机三个小时到得了吗? 비행기로 세 시간이면 도착할 수 있나요?
男: 到不了。 도착할 수 없습니다.
问: 坐飞机到那儿要多长时间? 비행기로 그곳에 가려면 얼마나 걸립니까?
정답 B

⑥ 男: 星期六晚上五点半, 我在大门口儿等你。
토요일 저녁 다섯 시 반, 정문에서 기다릴게.
女: 好, 不见不散。 좋아. 그때 보자.
问: 他们什么时候见面? 그들은 언제 만납니까?
정답 C

⑦ 男: 我们就在学校门口的新华书店见面吧。 우리 학교 앞 신화서점에서 만나자.
女: 行, 就这么说定了。 그래. 그렇게 정한 거다.
问: 他们在哪儿见面? 그들은 어디에서 만납니까?
정답 B

⑧ 女: 你挺忙的, 就不必来看我了。 너 많이 바쁘잖아. 나 만나러 오지 않아도 돼.
男: 没事儿, 我今天下午去书店买书, 路过你那儿。
괜찮아. 나 오늘 오후 서점에 책 사러 갈 건데. 가는 길에 너 있는 곳을 지나.
问: 男的今天下午怎么样? 남자는 오늘 오후에 어떻습니까?
정답 B

⑨ 女: 你怎么不跟你家人一起出去玩玩?
오늘 왜 너희 가족과 함께 놀러 가지 않았어?
男: 我实在抽不出空来呀! 정말 시간을 낼 수가 없었어!
问: 男的为什么不跟家人出去玩?
남자는 왜 가족과 놀러 가지 않았습니까?
정답 A

⑩ 女: 你下了班就回家吗? 너는 퇴근하고 바로 집에 가니?
男: 不, 先去接孩子, 然后再回家。 아니. 먼저 아이를 데리러 갔다가 집에 가.
问: 下了班男的要去哪儿? 퇴근 후 그는 어디에 갑니까?
정답 B

> 美珍昨天上午打电话给小李，邀请他今天晚上一起去看杂技。杂技表演晚上八点开始，他们约好提前一个半小时在杂技场对面的西餐馆见面。可是，今天下午，小李突然打电话给美珍，说家里有事儿，实在抽不出时间，杂技看不了了。
>
> ----
>
> **해석** 美珍은 어제 오후 小李에게 전화를 해서 오늘 저녁 함께 서커스를 보러 가자고 초대했다. 서커스 공연은 저녁 8시에 시작하는데, 그들은 한 시간 반 일찍 서커스장 맞은편의 레스토랑에서 만나기로 했다. 그러나 오늘 오후 小李은 갑자기 美珍에게 전화를 걸어 집에 일이 생겨 시간을 낼 수 없어 서커스를 볼 수 없게 되었다고 말했다.

❶ 今天晚上, 美珍和小李一起去看了一场杂技表演。(×)

❷ 他们约好在杂技场对面的西餐馆见面。(○)

❸ 小李在西餐馆等了一个小时, 可是美珍没来。(×)

❹ 小李家里有事儿, 不能赴约了。(○)

综合 **Test**

❶ 欢迎你有空的时候去我家 <u>坐坐</u> 。

❷ 好久没见了, 咱们去喝杯咖啡, 好好儿 <u>聊聊</u> 。

❸ 听说那家韩国餐馆很不错, 去 <u>尝尝</u> 怎么样?

❹ 我想请你去 <u>看</u> 魔术表演。

❺ 我请你 <u>吃</u> 西餐吧。

❻ 我们明天晚上在花园饭店举行庆祝酒会, 请您一定 <u>光临</u> 。

❼ A : 我想请你吃顿便饭。
　 B : 你太客气了。以后咱们多来往, 但是 <u>吃饭就免了</u> 吧。(免了)

❽ A : 咱们去吃西餐吧, <u>我请客</u> 。(请客)
　 B : 不不, 这一次我请你。

❾ A : 我什么时候去接您?
　 B : <u>不必客气, 我自己去吧</u> 。(不必, 自己)

① 他二零零二年毕业于北京大学。

② 他说话很干脆。

③ 今天他身体不舒服，上不了课了。

④ 他的日语在我们班是数得上的。

⑤ 请等一等，让我想想。

⑥ 找了很多地方都没找到，干脆不找了。

⑦ 河南杂技团在全国是数得上的。

这不是美珍吗?

미진이 아니니?

학습 목표

1. 여행에 관한 여러 가지 표현을 익혀 봅니다.
2. 반어문이란 강조를 나타내는 방식의 하나입니다. '不是~吗' 형태의 반어문에 대해 알아봅니다.

PART 04

기본문형

1

A: 看来, 你没去过西安吧?
보아하니, 너 시안에 안 가 봤구나?

B: 是的, 不过很想去。
응. 매우 가 보고 싶어.

A: 看来, 你一定去过那儿吧?
보아하니, 넌 틀림없이 거기에 가 봤구나?

B: 不, 还没去过。
아니. 간 적 없어.

A: 看来, 你现在不忙吧?
보아하니, 너 지금 안 바쁘구나?

B: 不, 我正忙着呢。
아니. 나 지금 바빠.

2

这不是美珍吗?
미진이 아니니?

这不是件好事吗?
좋은 일 아니니?

这不是骗人吗?
사람을 속인 거 아니니?

3

A: 顺便问一下, 您有手机吗?
이 김에 여쭤 볼게요. 핸드폰 있으세요?

B: 有。
있습니다.

A: 顺便问一下, 这儿可以照相吗?
이 김에 여쭤 볼게요. 여기에서 사진 찍을 수 있나요?

B: 行, 照吧。
네. 찍으세요.

A: 顺便问一下, 照片什么时候能洗出来?
이 김에 여쭤 볼게요. 사진은 언제 인화되나요?

B: 您过两天来取吧。
이틀 후에 가지러 오세요.

4

A: 这是在哪儿拍的?
이것(이 사진)은 어디에서 찍은 거니?

B: 我自己也忘了。
나도 잊어버렸어.

A: 你是什么时候回来的?
너 언제 돌아왔니?

B: 两三天以前。
이삼 일 전에 돌아왔어.

A: 这件衣服是花多少钱买的?
이 옷 얼마 주고 샀어?

B: 不太清楚, 是我姐姐给我买的。
정확하진 않아. 언니가 사 줬거든.

5 A: 听说, 你去西安了。
듣기론. 너 서안 갔었다며?

B: 对, 昨天刚回来。
응. 어제 막 돌아왔어.

A: 听说, 你拍了不少照片。
듣기론. 너 사진 많이 찍었다며?

B: 是啊, 拍了很多照片。
응. 많이 찍었어.

A: 听说, 他最近比较有空儿。
듣기론. 그 사람 최근에 비교적 한가하다며?

B: 哪儿呀, 他每天在图书馆查资料。
한가하긴. 그 사람 매일 도서관에서 자료 조사
하고 있어.

▷ '哪儿呀'은 반어구(反语句)에 쓰여 부정의 의미를 나타냅니다. 기본적으로 '哪里' 와 뜻이 같으나 '哪儿' 은 구어체에
서 많이 쓰입니다.

杰伦 : 这不是美珍吗? 听说你去西安了, 什么时候回来的?
美珍이 아니니? 시안에 갔다고 들었는데, 언제 돌아왔어?

美珍 : 上星期天回来的。我去西安收集了一些资料。
지난 주 일요일에 돌아왔어. 시안에 자료를 좀 모으러 갔었어.

杰伦 : 收获不小吧?　많이 모아 왔니?

美珍 : 可以这么说吧。不仅收集到了很多资料, 还游览了不少地方, 拍了很多照片。
瞧一瞧。
이렇게 말할 수 있겠다. 자료를 많이 수집했을 뿐만 아니라 여러 곳을 구경하기도 했어. 사진도 많이 찍었어.
봐봐.

▷ '瞧' 은 동사로 '보다' '구경하다' 등의 의미를 나타냅니다.

杰伦 : 每张都拍得很好! 这是在哪儿拍的?
하나같이 다 잘 찍었다. 이건 어디서 찍은 거야?

▷ '每张' 은 '每一张 (매 장)' 의 뜻이다.

美珍 : 这是在小雁塔拍的, 那是在大雁塔拍的。看来, 你没去过西安吧?
이것은 샤오옌타에서 찍은 것이고, 저것은 다옌타에서 찍은거야. 보아하니, 너는 시안에 안 가 봤구나?

杰伦 : 是的, 不过很想去。你在兵马俑博物馆拍了没有?
그래, 그렇지만 매우 가고 싶어. 병마용 박물관에서 사진 찍었니?

▷ '了' 뒤에 '没有' 를 붙여 반복 의문문을 만듭니다.

美珍 : 里边儿不让拍, 在外边儿拍了好几张。瞧, 这不是?

안에서는 사진을 못 찍고, 밖에서 꽤 찍었어. 봐, 이거잖아?

杰伦 ： 气势真雄伟! 기세가 정말 웅장하다.

美珍 ： 那当然。 그거야 당연하지.

 **01 不是…吗?**

(1) A: 我的包呢? 내 가방은?

B: 瞧, 这不是(吗)? (这就是。) 봐, 이거 아냐? (이것이다.)

(1) A: 我去买个练习本, 我的练习本用完了。
연습장을 다 써서 연습장 사러 갈래.

B: 买练习本? 那边桌子上不是有个练习本吗?
(那边桌子上有个练习本,所以不用买。)
연습장 산다고? 저쪽 책상 위에 있는 것은 연습장 아냐?
(저쪽 책상 위에 연습장이 있으니까 살 필요 없다.)

(2) A: 那儿太安静了, 我要换一个地方。
저기는 너무 조용해. 나는 다른 곳으로 갈래.

B: 你不是喜欢安静吗? (你喜欢安静, 所以不用换。)
너는 조용한 것을 좋아하지 않니? (너는 조용한 것을 좋아하니까 다른 곳으로 갈 필요 없다.)

02 看来

(1) 已经这么晚了, 看来他不会来了。
이미 이렇게 늦었네. 보아하니 그는 오지 않을 거야.

(2) 这几天看来是不会下雨的。 이 며칠 보아하니 비가 안 오겠다.

(3) 这活儿看来今天可以做完。 이 일은 보아하니 오늘 중으로 끝마칠 수 있다.

상황회화 2

美珍 ： 请问, 这儿能预订机票吗? 저, 여기에서 비행기표를 예매할 수 있나요?

职员 ： 可以。 네.

美珍 ： 我要下个月5号到东京的。最好是大韩航空的, 航班时间比较合适。
다음 달 5일에 도쿄에 가려고 하는데요, 기왕이면 대한항공이 좋겠어요. 운행 시간이 비교적 맞아서요.
▷ '最好'는 형용사와 부사로 쓰입니다. 형용사는 '가장 좋다', '제일 좋다'의 의미를 나타내며, 부사는 '가장 바람직한 것은', '제일 좋기는'의 의미를 나타냅니다.

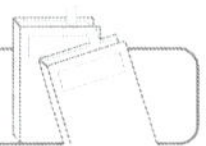

职员	：好，我看一下。9月5号大韩航空只有头等舱。
	네. 한번 보겠습니다. 9월 5일에 대한항공은 퍼스트클래스만 있네요.

美珍	：头等舱比较贵。那东航呢？ 퍼스트클래스는 좀 비싼데요. 그럼 동방항공은요?

职员	：东航经济舱还有座。 동방항공 이코노미클래스는 자리가 있습니다.

美珍	：那好吧，就改东航，一张经济舱。
	그럼 좋아요. 동방항공 이코노미클래스 한 장이요.

职员	：请把护照给我，让我记一下您的名字和国籍。顺便问一下，您有手机吗？那就告诉我手机号码。有事好和您联系。
	여권을 주십시오. 성함과 국적을 기록하겠습니다. 이 김에 여쭤 볼게요. 혹시 핸드폰 있으십니까? 있으시면 번호를 알려 주세요. 무슨 일이 있으면 연락드릴 수 있도록요.

美珍	：这是我的护照。我的手机号码是13311317935。
	여기 여권 있습니다. 제 핸드폰 번호는 13311317935 입니다.

职员	：谢谢。请收好您的护照。 고맙습니다. 여권 받으세요.

01 顺便

(1) 你去邮局的时候能不能顺便替我寄一封信？
너 우체국 가는 김에 내 편지 한 통 부쳐 줄 수 있니?

(2) 我回家经过这儿，顺便来看看你们。
내가 집에 가는 길에 여기를 지나다가 그 김에 너희를 보러 왔어.

(3) 我可以顺便带来。
제가 오는 김에 갖고 와도 됩니다.

(4) 我是顺便来拜访的。 이 김에 찾아 뵌 것입니다.

02 好

(1) 别忘了带伞，下雨好用。 비가 오면 쓸 수 있도록 우산 가져가는 것 잊지 마라.

(2) 告诉我他的地址，我好找他去。 그를 찾아갈 수 있도록 그의 주소를 알려 줘.

(3) 请你闪开点，我好过去。 제가 지나갈 수 있도록 좀 비켜 주세요.

听力 Test 

① 女: 你没去过杭州吧？ 너 항저우에 안 가 봤지?

　 男: 不，上星期刚回来。 아니. 지난 주에 막 돌아왔어.

　 问: 男的去没去过杭州？ 남자는 항저우에 가 봤습니까?

정답 **A**

❷ 女: 我明天去东京。 나 내일 도쿄에 가.
　男: 你不是说后天去吗? 너 모레 간다고 하지 않았어?
　问: 女的原来打算什么时候去东京? 여자는 원래 도쿄를 언제 가려고 했습니까?
　　　정답 **C**

❸ 女: 我们什么时候考试? 우리는 언제 시험을 보니?
　男: 星期四口试, 星期五笔试。 목요일은 구술 시험이고, 금요일은 필기 시험이야.
　问: 口试是星期几? 구술 시험은 무슨 요일에 봅니까?
　　　정답 **B**

❹ 女: 您要什么时候的? 언제 것으로 드릴까요?
　男: 我要下礼拜一开往北京的, 22次。 다음 주 월요일 베이징행 22번으로 주세요.
　问: 男的在买什么? 남자는 무엇을 사고 있습니까?
　　　정답 **A**

❺ 女: 你要头等舱还是经济舱? 퍼스트클래스로 드릴까요, 이코노미클래스로 드릴까요?
　男: 一张经济舱。 이코노미클래스 한 장 주세요.
　问: 他们在谈什么? 그들은 무엇에 대해 이야기하고 있습니까?
　　　정답 **C**

❻ 女: 您的电话号码是多少? 전화번호가 몇 번입니까?
　男: 65178292。 65178292입니다.
　问: 他的电话号码是多少? 그의 전화번호는 몇 번입니까?
　　　정답 **C**

❼ 女: 我下午要去银行取钱。 나는 오후에 돈 찾으러 은행에 갈 거야.
　男: 你能不能顺便替我寄一封信? 가는 김에 내 편지 한 통 부쳐 줄래?
　问: 女的下午要干什么? 여자는 오후에 무엇을 할 예정입니까?
　　　정답 **A**

❽ 女: 这张拍得不错。 이거 잘 찍었다.
　男: 这是在小雁塔照的。 이건 샤오옌타(소안탑)에서 찍은 거야.
　问: 他们在看什么? 그들은 무엇을 보고 있습니까?
　　　정답 **C**

❾ 女: 你出去? 너 나가니?
　男: 我去查点资料。 자료를 좀 찾으러 가.
　问: 男的可能去哪儿? 남자는 아마 어디로 갈까요?
　　　정답 **A**

❿ 女: 喂, 您好。114查号台。 여보세요? 안녕하십니까? 114전화번호 안내센터입니다.
　男: 你好, 请问北京饭店的电话号码是多少?
　　　안녕하세요. 베이징호텔 전화번호가 어떻게 되나요?

女: 请稍等。 조금만 기다려 주십시오.
问: 男的在干什么？ 남자는 무엇을 하고 있습니까?
정답 C

阅读 Test

美珍上个星期去了一趟上海，她是坐飞机去的。前天晚上坐火车回到北京。她去了上海博物馆、东方明珠广播电视塔等很多地方。东方明珠是亚洲最高的广播电视塔，在世界上也是数得上的。 她在那儿拍了很多照片，每张都拍得很好。美珍非常喜欢旅行，她觉得要去的地方实在太多了。这不，今天上午她又去预订机票了。这一回，她打算去哪儿呢？

해석 美珍은 지난 주에 상하이에 한 번 다녀왔다. 그녀는 비행기를 타고 갔고, 그저께 저녁에 기차를 타고 베이징에 돌아왔다. 그녀는 상하이 박물관, 동방명주 TV 송신탑 등 많은 곳을 갔다. 동방명주는 아시아에서 제일 높은 TV 송신탑으로 세계에서도 손꼽힌다. 그녀는 거기에서 사진을 많이 찍었는데, 한 장 한 장 모두 잘 찍었다. 美珍은 여행을 매우 좋아한다. 그녀는 가고 싶은 곳이 정말 너무나 많다. 아니나 다를까, 오늘 오전에 그녀는 또 비행기표를 예매했다. 이번에는 어디에 가려고 하는 것일까?

1 정답 A 上个星期

2 정답 A 去的时候坐飞机, 回来的时候坐火车

3 정답 A 每张都拍得很好

4 정답 B 还要去

综合 Test

1 老师，您明天 <u>有没有</u> 空？

2 我明天送我朋友回国, 可以请假 <u>吗</u> ？

3 我想, 这儿的夏天大概很热 <u>吧</u> ？

4 A : 我想去中国的东北看看。
B : 那儿太冷, 我不想去。
A : 那么, 你想去哪儿 <u>呢</u> ？

5 A : 东方明珠一定很高吧？（是…的, 数得上）
B : 那当然, <u>东方明珠是亚洲最高的广播电视塔, 在世界上也是数得上的。</u>

❻ A : <u>我能请教您一个问题吗</u>? (请教)

  B : 当然可以。什么问题?

❼ A : <u>打听一下，这儿能预订机票吗</u>? (打听一下，预订)
  B : 对，您要订几号的?

❽ A : <u>看来，你对照相很感兴趣</u>? (看来，感兴趣)
  B : 对，我特别喜欢照相。

作文 Test

❶ 已经这么晚了，看来他不会来了。

❷ 别忘了带伞，下雨好用。

❸ 我可以顺便带来。

❹ 这几天看来是不会下雨的。

❺ 不仅收集到了很多资料，还游览了不少地方。

❻ 你不是喜欢安静吗?

❼ 请你闪开点，我好过去。

PART 05

我们为你高兴。

우리는 너 때문에 기쁘다.

학습 목표
1. 축하와 축원의 표현을 익혀 봅니다.
2. 원인과 목적을 나타내는 '为' 용법에 대해 알아봅니다.

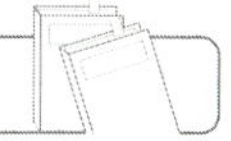

기본문형

1 祝贺你! 축하해.

祝贺你取得成功! 성공한 것을 축하해.

祝贺你得了奖! 상 받은 거 축하해.

祝贺你得了第一名! 일등을 축하해.

2 我们为你高兴。 우리는 너 때문에 기쁘다.

我们为你感到骄傲。 우리는 네가 자랑스럽다.

▷ '为' 뒤에 오는 동사가 동작 동사가 아닐 때, '为'는 일반적으로 '替'와 바꾸어 쓸 수 있지만 '给'와 바꾸어 쓸 수는 없습니다.

3 你看上去显得比较轻松。 넌 비교적 여유 있어 보인다.

你看上去显得很年轻。 매우 젊은 것처럼 보입니다.

你看上去显得有些兴奋。 너 좀 흥분한 것처럼 보여.

4 祝你生日快乐! 생일 축하해!

祝你全家幸福! 가족 모두 행복하기를 바라!

祝你学习进步! 학업의 발전을 빌어!

祝你节日愉快! 명절 재미있게 보내!

祝你生意兴隆! 장사가 번창하길 바라!

祝你身体健康, 工作顺利, 万事如意!
몸 건강하고 일이 순조롭고 모든 일이 뜻대로 되기를 바라!

5 为美珍的生日干杯！ 미진의 생일을 위해 건배!

为我们的友谊干杯！ 우리의 우정을 위해 건배!

为大家的健康干杯！ 모두의 건강을 위해 건배!

同学 : 祝贺你，汉语比赛得了奖。我们为你高兴。
중국어 대회에서 상 탄 것 축하해. 우리는 너 때문에 기쁘다.
▷ '为' 뒤에 오는 동사가 동작 동사가 아닐 때, '为'는 일반적으로 '替'와 바꾸어 쓸 수 있지만 '给'와 바꾸어 쓸 수는 없습니다.

美珍 : 谢谢！这得归功于我的老师和同学们。
고마워! 선생님과 친구들 덕분이지.
▷ '归功于'는 동사로 '공로를 ~에게 돌리다', '~의 덕택이다'의 의미를 나타냅니다.

小李 : 主要还是你自己努力的结果。
그래도 주로 네 노력의 결과지.

美珍 : 如果没有大家的帮助，我不会取得这么好的成绩。你们一遍又一遍地听我试讲，给我提了很好的建议。昨天比赛时，又都来给我鼓劲，使我信心百倍。
만약 모두의 도움이 없었다면 이렇게 좋은 성적을 거둘 수 없었을 거야. 너희가 내 연설을 계속 들어 주고, 좋은 의견을 내 주었어. 어제 대회 때도 다들 와서 격려해 주어서 자신감이 넘쳤어.

同学 : 这是应该的。昨天你紧张不紧张？
그거야 당연한 거지. 어제 긴장했니?

美珍 : 那还用说，紧张得很哪！昨天的决赛对手很强。
말할 필요도 없이 많이 긴장했지! 어제 결승 상대가 아주 잘했거든.
▷ '那还用说'는 반어문으로 '不用说(말할 필요 없다)', 즉 '当然(당연하다)'이라는 뜻입니다.
▷ '哪'는 어기조사로 보통 경성으로 발음하며 감탄의 의미를 나타냅니다.

小李 : 不过，你看上去显得比较轻松。 그렇지만 보기에는 비교적 여유 있어 보이던데.

美珍 : 我是在努力使自己轻松一些。 스스로 긴장을 풀려고 노력했어.

01 还是

(1) 虽然他很忙，但他还是抽出时间去看了一次。
그는 매우 바쁘지만 그래도 시간을 내서 한 번 보러 갔다.

(2) 老师的帮助很重要，但主要还是靠你自己。

선생님의 도움이 중요하지만, 그래도 주로 네 자신에게 의지해라.

(3) 几年没见, 你还是老样子。
몇 년 동안 못 보았지만 너는 여전히 그대로구나.

02 使

(1) 我的话使他很不愉快。 내 말이 그를 매우 기분 나쁘게 했다.
(2) 他们的热情服务使顾客感到非常满意。
그들의 친절한 서비스에 손님들은 매우 만족했다.
(3) 我说的这句话使他生气了。 내가 한 이 말이 그를 화나게 했습니다.

03 看上去

(1) 他看上去只有十七八岁。 그는 보아하니 17,8세 정도밖에 되어 보이지 않는다.
(2) 他看上去好像是北方人。 그는 보아하니 북방인 같다.

米切尔 : 美珍, 生日快乐! 我给你带来一件小小的生日礼物。
美珍. 생일 축하해! 네게 주려고 작은 선물을 가져왔어.

小李 : 我代表大家送你一个生日蛋糕。祝你生日快乐!
나는 모두를 대표해서 생일 케이크를 가져왔어. 생일 축하해!

喜宣 : 今天是你的二十岁生日, 这是一件小礼物, 祝你永远年轻漂亮!
오늘이 너의 스무 번째 생일이구나. 이건 작은 선물이야. 영원히 젊고 아름답길 바랄게!

米切尔 : 让我们举杯, 为美珍的生日干杯!
잔을 들자. 美珍의 생일을 위해 건배!
▷ '举杯'는 동사로 '잔을 들다'의 의미를 나타냅니다.

合   : 干杯! 건배!

喜宣 : 二十岁, 还是多梦的年龄。祝你梦想成真!
스무 살, 아직 꿈이 많을 나이지. 네 꿈을 이루길 바래!

美珍 : 感谢大家的祝贺。我也衷心祝愿大家身体健康, 万事如意! 干杯!
모두 축하해 줘서 고마워. 나도 모두들 몸 건강하고 모든 일이 순조롭길 바랄게. 건배!

合   : 干杯! 건배!

喜宣 : 我提议, 为我们大家学习进步, 工作顺利干杯!
우리 모두의 학업의 발전을 위해, 순조로운 일을 위해, 건배!

合 ： 干杯! 건배!

美珍 ： 我们一起来分享蛋糕吧! 真精美! 上面还写着: "寿比南山"。
우리 함께 케이크 먹자! 정말 아기자기하고 예쁘네! 위에 '오래오래 사세요' 라고 써 있네.
▷ '分享'은 동사로 '몫을 받다' '배당을 받다' '(행복, 기쁨 따위를) 함께 나누다(누리다)' 의 의미를 나타냅니다.

喜宣 ： "寿比南山", 好像是祝贺老人生日时用的吧?
'오래오래 사세요' 라니. 꼭 노인 생일 축하에 쓰는 것 같은데?
▷ '寿比南山' 등 중국어에서 성어는 대부분 4자로 이루어져 있습니다. 그러나 구조가 긴밀하여 말은 짧지만 뜻은 완벽합니다.

小李 ： 哎呀, 是我弄错了。该怎么办呢? 아이고. 내 실수야. 어쩌지?

美珍 ： 没关系。我有时也要闹点笑话。来, 让我们为这个"错误"干杯!
괜찮아. 나도 가끔 웃긴 실수를 하는걸. 자, 우리 이 '실수' 를 위해 건배!

어법배우기

01 为

(1) 大家都为这件事高兴。 모두 이 일 때문에 기뻐한다.
(2) 他说他为我感到骄傲。 그는 그가 나 때문에 자랑스럽다고 말한다.
(3) 他从来没为钱发过愁。 그는 이제껏 돈 때문에 걱정해 본 적이 없다.
(4) 他正在为参加HSK做准备。 그는 HSK를 보려고 준비하고 있다.
(5) 这件小礼物是特意为你买的。 이 작은 선물은 특별히 너를 위해 산 거야.
(6) 他为这些衣料花了一百多元。 그는 이 옷감 때문에 100위안을 넘게 썼다.

02 闹笑话

(1) 我刚来中国时, 因为听不懂汉语, 常常闹笑话。
나는 막 중국에 왔을 때 중국어를 알아듣지 못해서 자주 우스운 실수를 저질렀다.

听力 Test

① 女: 你最近挺忙的吧? 너 요즘 아주 바쁘지?
男: 那还用说, 都喘不过气来了。 말할 필요도 없어. 숨도 못 쉬겠어.
问: 男的最近怎么样? 남자는 요즘 어떻습니까?
정답 C

② 女: 你的汉语进步很大。 너 중국어 정말 많이 늘었다.
男: 如果没有你的帮助和指教, 我不可能取得这么大的进步。
만약 네 도움과 가르침이 없었더라면 이렇게 많이 발전하지는 못했을 거야.
问: 男的是什么意思? 남자의 말은 무슨 의미입니까?

정답 A

❸ 女: 你这几天东奔西跑的, 在忙什么呀?
　　너 요 며칠 동분서주하는데, 뭐 하느라 바빴어?
　男: 还不是忙着找工作。　일자리 구하느라 바빴잖아.
　问: 这几天男的在干什么?　요 며칠 남자는 무엇을 했습니까?
　　정답 B

❹ 女: 这场比赛有把握吗?　이번 대회 자신 있어?
　男: 但愿能赢。　오직 이기기만을 바래.
　问: 男的是什么意思?　남자의 말은 어떤 의미입니까?
　　정답 B

❺ 女: 我还以为他是中国人呢, 差点儿闹笑话。
　　나는 그가 중국인인 줄 알았어. 실수할 뻔했다.
　男: 他看上去是有点儿像中国人。　그는 보기에 좀 중국인을 닮았지.
　问: 女的刚才怎么样?　여자는 방금 어땠습니까?
　　정답 A

❻ 女: 你带地图了吗?　너 지도 가져왔니?
　男: 我又不是第一次去, 还会不认识路?
　　내가 처음 가는 것도 아닌데 길 모를까 봐?
　问: 男的是什么意思?　남자의 말은 무슨 의미입니까?
　　정답 B

❼ 女: 你看没看昨天晚上的汉语演讲比赛?
　　어제 저녁에 있었던 중국어 웅변 대회 봤어?
　男: 看了。怎么搞的, 我们班的同学没一个得奖的。
　　봤지. 어쩐 일인지 우리 반 친구들은 한 명도 상을 못 탔어.
　问: 男的对这次比赛的结果怎么看?
　　남자는 대회 결과에 대해 어떻게 생각합니까?
　　정답 C

❽ 男: 这次足球比赛, 我们肯定拿第一。
　　이번 축구 경기에서 우리는 꼭 1등을 할 거야.
　女: 你得了吧, 能进决赛就不错了, 还拿第一呢。
　　됐다. 결승에 오르기만 해도 잘한 건데, 1등까지 한다니.
　问: 女的对他们取得第一名有信心吗?
　　여자는 그들이 1등을 하는 것에 대해 자신이 있습니까?
　　정답 C

❾ 女: 我正准备考研究生呢。　나는 지금 대학원 시험을 준비하고 있어.
　男: 算了吧, 要那么高的学历干什么。　관둬. 그렇게 학력 높아서 뭐 해?
　问: 男的是什么意思?　남자의 말은 무슨 의미입니까?

정답 **C**

⑩ **女**: 明天是三月四号，小林的生日。对了，你的生日也快到了吧？
　　내일은 3월 4일, 小林의 생일이야. 맞다, 네 생일도 곧 오지?

　　男: 早过了。　예전에 지났어.

　　问: 男的生日在什么时候？　남자의 생일은 언제입니까?

　　정답 **A**

阅读 Test

昨天，美珍参加了学校的汉语演讲比赛，取得了第三名。参加比赛的同学来自世界各地，有的学过一年汉语，有的已经学了三年了。美珍学了一年半。这次参加比赛之前，她练习了好多天，老师、同学给她提了很多建议。昨天，大家都去给她鼓劲加油。开始的时候，美珍有点儿紧张，可是，一看到同学、朋友都坐在下面看着她，她轻松多了。她非常感谢大家对她的热情帮助。

해석 어제 美珍은 학교의 중국어 웅변 대회에 참가해 3등을 했다. 대회에 참가한 친구들은 세계 각국에서 왔고, 중국어를 1년 배운 사람도 있고, 이미 3년 동안 배우고 있는 사람도 있었다. 美珍은 일 년 반을 배웠다. 이번에 대회에 참가하기 전에 그녀는 오랫 동안 연습을 했다. 선생님과 친구들은 그녀에게 많은 의견을 내 주었다. 어제는 모두들 와서 그녀를 응원해 주었다. 처음에 美珍은 조금 긴장했지만 친구들이 모두 앉아서 그녀를 보고 있는 것을 보자 긴장이 많이 풀렸다. 그녀는 모두가 그녀에게 베풀어 준 친절한 도움에 매우 감사하고 있다.

❶ 美珍在汉语演讲比赛中取得了第 _三_ 名。

❷ 美珍学过 _一_ 年半汉语。

❸ 参加比赛以前，她练习了 _好多_ 天。

❹ 老师、同学给她提了很多 _建议_ 。

❺ 昨天大家都去听她演讲，给她 _鼓劲加油_ 。

综合 Test

❶ 为 _你的生日_ 干杯！

❷ 为 _你汉语比赛得了奖_ 干杯！

❸ 为 _我们学习进步，工作顺利_ 干杯！

❹ 为 _各位的健康_ 干杯！

❺ 感谢大家的美好祝愿, 我也 衷心祝愿大家身体健康, 万事如意 ! (衷心, 祝愿)

❻ 听说你明天要参加考试, 我 预祝你取得成功 ! (预祝, 取得)

❼ A : 昨天晚上你们表演的汉语节目非常成功, 祝贺你们!
　 B : 这应该归功于我们的老师和同学们 。(应该, 归功于)

❹ A : 祝你回国后找到一个好工作!
　 B : 但愿如此 。(但愿)

作文 Test

❶ 这件小礼物是特意为你买的。

❷ 虽然他很忙, 但他还是抽出时间去看了一次。

❸ 他们的热情服务使顾客感到非常满意。

❹ 他看上去好像是北方人。

❺ 主要还是你自己努力的结果。

❻ 你看上去显得比较轻松。

❼ 为我们大家学习进步, 工作顺利干杯!

PART 06

我该走了。

저 가야겠습니다.

학습 목표

1. 헤어질 때 주고받는 인사말을 익혀 봅니다.
2. '~해야 한다' 라는 의미를 가진 조동사 '得', '该', '要' 의 용법에 대해 알아봅니다.

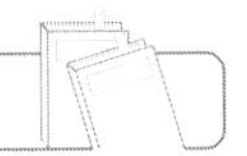

기본문형

1 A: 我该走了。 가야 해.　　　　B: 急什么, 再坐一会儿吧。 뭐가 그리 급해. 좀 더 앉았다 가.

A: 我得告辞了。 작별해야 해.　　B: 好, 下次一定再来。 그래, 다음에 또 놀러와.

2 A: 慢走。 천천히 가세요.　　　　　　B: 留步。 나오지 마세요.

▷ '留步' 는 '전송 나오지 마십시오' 의 의미로 '留步留步' 형태로 자주 쓰입니다. '留步留步' 는 '请留步, 别送' 의
의미를 나타냅니다.

A: 走好。 안녕히 가세요.　　　　　　B: 再见。 안녕히 계세요.

A: 我送你一段吧。 배웅해 드릴게요.　　B: 不用不用, 请回吧。 아닙니다. 들어가세요.

3 祝你一路平安。 가시는 길이 평안하길 빕니다.

祝你一路顺风。 가시는 길이 순조로우시길 빕니다.

祝你旅途愉快。 여행이 즐겁기를 빕니다.

4 我该走了。 난 가야겠다.

我要走了。 난 가야겠다.

我得走了。 난 가야겠다.

5 再吃下去, 我要走不动了。 더 먹으면 못 걸을 거야.

再这样下去, 我就完了。 계속 이렇게 가다가는 끝장이야.

再说下去, 也没有意义。 더 말해 봤자 아무 의미도 없어.

美珍 ：哟，都快九点了。时间不早了，我该走了。
　　　아, 벌써 아홉 시네. 시간이 늦어서 나는 가야겠다.

小李 ：急什么，再坐一会儿吧！来，再吃点儿西瓜。
　　　뭐가 급해, 좀 더 있다 가! 자, 수박 좀 더 먹어.
　　▷ '急什么'는 '뭘 그렇게 서둘러', '왜 이렇게 호들갑 떠니'의 의미를 나타냅니다. 여기서 '什么'는 '뭐(라고)'의 의미를
　　　나티내며, 상대방의 말에 동의하지 않음을 나타냅니다.
　　▷ '再坐一会儿吧!'는 예의를 나타내는 표현으로, 손님이 돌아가려 할 때 주인이 만류하며 하는 말입니다.

美珍 ：不了，不了。再吃下去，我要走不动了。今天打扰你们半天了，真不好意思。
　　　아냐, 아냐. 더 먹으면 못 움직일 거야. 오늘 오랫동안 너희를 귀찮게 해서 정말 미안해.

小李 ：哪儿的话。我们一起聊聊天，挺有意思的。以后还请你多来坐坐。
　　　무슨 말이야. 같이 이야기하고, 참 재미있었어. 다음에 또 자주 놀러 와.
　　▷ '哪儿的话'는 '무슨 말이야!' 하고 펄쩍 뛰는 어감으로 부정을 나타냅니다.

美珍 ：一定来。你们忙这忙那的，真热情好客。"一回生，二回熟"，下次来，可别把
　　　我当外人了。
　　　꼭 올게. 너희는 이것저것 해 주고 정말 친절하게 대접해 줬어. "처음에는 낯설어도 나중에는 친구가 된다"고
　　　하잖아. 다음에 올 때는 날 남 취급하지 마.
　　▷ '一回生，二回熟'는 사람들끼리 처음 만났을 때에는 낯설지만 많이 만나면 나중에는 친구가 된다는 의미를 나타냅니다.
　　　여기에서 '一'와 '二'은 수사이고, '生'과 '熟'는 형용사이다. 또한 '一回生'과 '二回熟'는 구조나 운율상 모두 대칭을
　　　이룹니다. 중국어에서는 구조와 운율의 대칭성을 비교적 중시합니다.
　　▷ '外人'은 친척이나 친구가 아닌 사람을 가리키며, 이 문장은 '우리는 친구이니까 편하게 대하고 너무 그렇게 예의 차리지 마
　　　라'라는 의미를 나타냅니다.

杰伦 ：那你下次也别带东西来。今天让你破费了。
　　　그럼 너도 다음에는 뭐 사 갖고 오지 마. 오늘 너 돈 많이 썼지.
　　▷ '让你破费了'는 '너로 하여금 돈을 많이 쓰게 했다'라는 의미로, 선물을 받을 때 예의를 차리는 말입니다.

美珍 ：破费什么，只是给你们的一点儿小礼物。好吧，你们请留步。
　　　뭘 돈을 많이 써. 그냥 너희에게 줄 작은 선물을 가져온 건데. 자, 그럼 너희 나오지 마.
　　▷ '请留步'는 예의를 나타내는 말로, 손님이 주인에게 배웅 나오지 말라는 의미를 나타냅니다.

小李 ：我送你到车站。　정류장까지 바래다줄게.

美珍 ：不必客气。请回吧。再见！　아냐, 괜찮아. 들어가. 안녕!

小李/杰伦 ：再见！慢走！　안녕! 잘 가!

어법배우기

01 都

(1) 都十二点了, 还不睡! 이미 열두 시인데, 아직 안 잔다니!

    (2) 我都六十啦, 该退休了。 나는 이미 예순이라 퇴직해야 한다.

02 再

1 (1) 下课以后你们再练习练习。 너희는 수업 끝나고 더 연습해라.

2 (1) 再大一点! 좀 더 크게!

    (2) 能不能再便宜一点? 더 싸게 해 주실 수 없나요?

3 (1) (如果)再热下去, 我可受不了了。 (만약) 더 더워지면, 나는 정말 견딜 수 없을 것이다.

03 …下去

(1) 请说下去。 계속 말씀하세요.

(2) 天气还要热下去。 날씨가 더 더워질 것이다.

04 什么

(1) A: 这几天你很忙吧? 이 며칠 너 많이 바쁘지?

    B: 忙什么! 晚上十点钟就睡了。(忙什么 = 不忙)

    바쁘긴! 밤 열 시면 자는데. (안바쁘다)

(2) 星期天还看什么书! 出去玩吧。(看什么书 = 别看书)

    일요일까지 무슨 책을 봐! 놀러 나가자. (책 보지 말아라)

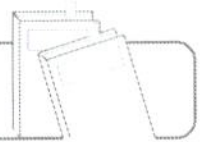

상황회화 2

喜宣 : 今天路上很顺利。 오늘 길이 잘 뚫리네.

东健 : 这么快就到机场了。 이렇게 일찍 공항에 도착했어.

小李 : 我来拿箱子吧。 내가 트렁크 들게.

喜宣 : 那两个包给我。 저 가방 두 개 내게 줘.

东健 : 两个都给你, 怕拿不过来吧。我自己可以拿一个。

    두 개 다 주면 못 들 거야. 내가 하나 들 수 있어.

喜宣 : 没问题, 一手一个刚好。你拿好护照、机票就行了。

    괜찮아. 한 손에 하나씩 들면 딱 좋아. 너는 여권이랑 비행기표만 들면 돼.

    ▷ '一手一个'에서 '一'는 '每(모든)'의 의미를 나타냅니다. 이 밖에 '一……一…' 용법으로 동류(同类)의 명사가 앞에 각각 놓

    일 수도 있고 '一问一答(일문일답)' 등과 같이 상대되는 두 동사 앞에 각각 놓여 두 행동이 서로 어울려 진행되거나 엇갈려

东健 : 真感谢你们俩来送我。这儿有推车，行李都放在上面好了。你们请回吧。
너희 둘 날 배웅해 줘서 정말 고마워. 여기 카트가 있으니까 짐은 다 여기에 올리면 돼. 너희는 돌아가.

小李 : 我们等你起飞。 이륙할 때까지 기다릴게.

东健 : 不必了，离起飞还有一个多小时呢。再说，进了海关，我们就得分手了。
괜찮아. 이륙하려면 한 시간도 넘게 남았는걸. 또 세관으로 들어가면 우리는 헤어져야 해.
▷ '再说'는 보충 설명을 할 때 쓰입니다.

喜宣 : 那我们就送你到海关。欢迎你有机会再来学校看看。
그럼 우리가 세관까지 데려다 줄게. 기회 있으면 다시 학교에 와서 둘러봐.

小李 : 见到你家人，请代我向他们问好。
너희 가족들을 만나면 내 대신 안부 전해 줘.

东健 : 好的，谢谢。我进去了，再见！ 그래. 고마워. 나 들어간다. 안녕!

喜宣 : 再见! 祝你一路平安! 안녕! 가는 길이 평안하길 빌어.

小李 : 祝你一路顺风! 순조롭게 도착하길 바래!

어법배우기

01 …得过来 / …不过来

(1) 这么多的书，我怎么看得过来。 이렇게 많은 책을 내가 어떻게 다 봐.
(2) 事太多，我一个人忙不过来。 일이 너무 많아, 나 혼자서는 다 못한다.
(3) 工作不多，我一个人干得过来。 일이 많지 않아, 혼자서 할 수 있다.

02 再说

(1) 我没在那儿拍照。我没带照相机，再说，我对照相也不感兴趣。
나 거기서 사진 안 찍었어. 사진기도 안 갖고 갔고, 게다가 난 사진 찍는 걸 안 좋아해.

(2) 去见他，来不及了，再说他也不一定在家。
그를 만나러 가기엔 너무 늦었어. 게다가 그기 집에 있는지도 확실하지 않고.

03 该 / 得 / 要

(1) 该干的都干了。 해야 할 일은 모두 했다.
(2) 要取得好成绩，就得努力学习。 좋은 성적을 얻으려면 열심히 공부해야 한다.
(3) 路上要小心。 길에서는 조심해야 한다.

❶ 女: 我们等你起飞吧。 우리가 네 비행기 이륙할 때까지 기다릴게.
　　男: 不必了，离起飞还有一个多小时呢。
　　　　괜찮아. 이륙할 때까지 한 시간도 넘게 남았는데.
　　问: 他们在哪儿？ 그들은 어디에 있습니까?
　　　　정답 A

❷ 女: 这么多书啊！ 책이 이렇게 많아!
　　男: 多什么！一人一本刚好。 많기는! 한 사람에 한 권씩 딱 맞네.
　　问: 从这段对话我们知道什么？ 이 대화에서 우리는 무엇을 알 수 있습니까?
　　　　정답 B

❸ 女: 这件怎么样？ 이 옷은 어떤가요?
　　男: 有没有再大一点儿的？ 더 큰 것은 없어요?
　　问: 男的觉得这件衣服怎么样？ 남자는 이 옷이 어떻다고 생각합니까?
　　　　정답 B

❹ 女: 回国以后别忘了给我写信。 귀국 후에 나에게 편지 쓰는 것 잊지 마.
　　男: 放心，忘不了。 걱정 마. 안 잊어.
　　问: 从这段对话我们知道什么？ 이 대화에서 우리는 무엇을 알 수 있습니까?
　　　　정답 B

❺ 女: 咱们出去散散步吧。 우리 산책하러 나가자.
　　男: 散什么步啊，我还得做作业呢。 산책은 무슨 산책. 나는 아직 숙제해야 해.
　　问: 男的是什么意思？ 남자의 말은 무슨 뜻입니까?
　　　　정답 C

❻ 女: 再等等吧。 더 기다려 보자.
　　男: 都这时候了，他还能来？ 벌써 시간이 이렇게 되었는데, 그가 오겠어?
　　问: 他为什么不可能来了？ 그는 왜 올 리가 없습니까?
　　　　정답 C

❼ 女: 说下去呀，怎么不说了？ 계속 말해. 왜 말을 안 해?
　　男: 再说下去，我怕你生气。 계속 말하면 네가 화낼 것 같아서.
　　问: 女的让男的干什么？ 여자는 남자에게 무엇을 시켰습니까?
　　　　정답 B

❽ 女: 这么多的活儿，你一个人忙得过来吗？ 이렇게 많은 일을 너 혼자서 다 할 수 있어?
　　男: 没事儿。我身体棒着呢。 괜찮아. 나는 몸이 아주 튼튼하거든.
　　问: 女的问了什么问题？ 여자는 어떤 문제를 질문했습니까?
　　　　정답 C

❾ 男: 我们骑车去吧。 우리 자전거 타고 가자.

女: 那么远的路, 我可不行。 그렇게 먼 데를. 나는 못 해.

问: 女的是什么意思? 여자의 말은 무슨 의미입니까?

정답 **B**

⑩ 男: 给你们添麻烦了。 폐를 끼쳤어.

女: 哪儿的话, 你不来, 我们也要做菜做饭的。
무슨 소리야. 네가 안왔어도 밥은 해야 하는 것이잖아.

问: 关于男的, 我们可以知道什么? 남자에 대해서 우리는 무엇을 알 수 있습니까?

정답 **C**

阅读 Test

东健星期五就要回国了, 因为公司准备派他去香港工作。他感到很高兴, 又感到很留恋。感到很高兴, 是因为他现在能说一口流利的汉语了, 去香港工作问题不大。感到很留恋, 是因为他不愿意离开他的朋友们。一年多以来, 他交了不少朋友, 有中国人, 也有其他国家的留学生, 他们在一起学习、打球、聊天儿、喝酒、互相关心、互相帮助。他永远忘不了他们, 忘不了这兄弟般的友情。

해석 东健은 금요일에 귀국한다. 회사에서 그를 홍콩에 파견 보내려 하기 때문이다. 그는 기쁘기도 하고 서운하기도 하다. 그는 지금 중국어를 유창하게 할 수 있으므로 홍콩에서 일하는 데 별로 문제가 없기 때문에 기쁘기는 하지만, 그의 친구들을 떠나고 싶지 않기 때문에 서운하다. 일 년여 동안, 그는 많은 친구를 사귀었는데, 그 중에는 중국인도 있고, 또 다른 나라에서 온 유학생도 있다. 함께 공부하고, 공놀이하고, 이야기하고, 술을 마시며 서로 돌보고 서로 도왔다. 그는 영원히 그들을 잊지 못하고, 형제와 같은 그 우정을 잊지 못할 것이다.

❶ 东健在中国多长时间了? 他什么时候回国?
他在中国一年多了。　他星期五就要回国了。

❷ 他为什么感到很高兴?
因为他现在能说一口流利的汉语了, 去香港工作问题不大。

❸ 他为什么感到很留恋?
因为他不愿意离开他的朋友们。

综合 Test

❶ 都 八点半了, 我该走了。

❷ 才 八点半, 还早呢, 再 坐会儿吧。

❸ 下次 可 别这么客气了。

❹ A：请留步！
　　B：好，那我 就 不送了。

❺ 以后 还 请你常来坐坐。

❻ A：再坐一会儿吧。
　　B：打扰你们半天了，我该走了。（打扰，半天，该走）

❼ A：下次来可别再带礼物了。这次让你破费了。
　　B：破费什么，只是给你们的一点儿小礼物。（什么，只是）

❽ A：请多保重。
　　B：你也多多保重。（也）

❾ A：见到你家人，请 代我向他们问好 。（代，问好）
　　B：好的，谢谢！

作文 Test

❶ 都十二点了，还不睡！

❷ （如果）再热下去，我可受不了。

❸ 忙什么！晚上九点钟就睡了。

❹ 工作不多，我一个人干得过来。

❺ 都快十点了。时间不早了，我该走了。

❻ 再吃下去，我要走不动了。

❼ 天气还要热下去。

西楼比东楼贵。

서동은 동동보다 비싸다.

학습 목표

1. 날씨에 관한 여러 가지 표현을 익혀 봅니다.
2. 정도의 차이를 비교할 때 쓰이는 '比' 용법에 대해 알아봅니다.

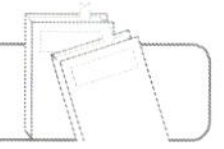

기본문형

1 比起昆明来, 这里的气候糟多了。　쿤밍과 비교하면, 이곳 날씨는 훨씬 나쁘다.

比起排球来, 我更喜欢打篮球。　배구와 비교하면, 나는 농구를 더 좋아한다.

2 西楼的房间比东楼的大。　서동의 방이 동동의 방보다 크다.

长江比黄河还要长。　양쯔강은 황허보다 더 길다.

今天比昨天冷。　오늘이 어제보다 춥다.

3 贵是贵了不少, 可西楼的房间比东楼的大。
꽤 비싸기는 하지만, 서동의 방이 동동보다 크다.

好是好, 就是太贵。
좋긴 하지만, 너무 비싸다.

有是有, 可是并不多。
있긴 하지만, 많지는 않다.

4 我看, 朝南朝北没什么两样。　내 생각에 북쪽이든 남쪽이든 다르지 않다.

我看, 朝南朝北没什么差别。　내 생각에 북쪽이든 남쪽이든 별로 차이가 없다.

我看, 朝南朝北没什么不一样。　내 생각에 북쪽이든 남쪽이든 똑같다.

5 北京哪能跟昆明比？　베이징을 어떻게 쿤밍과 비교하니?

我这么笨, 哪能考上北京大学？　난 이렇게 멍청한데, 어떻게 베이징 대학에 합격하겠어?

你都这把年纪了, 哪能当模特儿？　당신은 이미 그 나이가 되었는데, 어떻게 모델이 되겠어요?

美珍 ：下学期我想换个房间，搬到西楼去住。
다음 학기에 나는 방을 옮겨서 서동으로 이사갈 생각이야.

小李 ：可西楼比东楼贵，差不多要多付一半的房租。
그렇지만 서동은 동동보다 비싼데. 방세를 거의 절반은 더 내야 해.

美珍 ：贵是贵了不少，可西楼的房间比东楼的大。再说，还有空调和冰箱呢。
많이 비싸긴 하지만 서동은 방이 동동보다 커. 그리고 에어컨과 냉장고도 있어.

小李 ：我还是觉得花那么多钱没意思。
나는 그래도 그렇게 돈을 많이 쓰는 것은 별로야.

美珍 ：如果和你一样，住在南边儿的房间里，我也不愿搬。
너처럼 남쪽에 있는 방이면 나도 이사하고 싶지 않아.

小李 ：我看，除了冬天，别的季节，朝南朝北没什么两样。
내 생각에는, 겨울 말고 다른 계절에는 남향이든 북향이든 별로 차이가 없는 것 같아.
▷ '我看', '你看', '我说', '你说' 는 모두 '내/네 생각에' 의 의미를 나타냅니다.

美珍 ：你没住过朝北的房间，你不知道，南边儿的房间比起北边儿的来，要好得多。北边儿靠马路，从早到晚，人来人往。有时夜里比白天还热闹，常常把我从梦中吵醒。
네가 북향 방에서 살아 보지 않아서 남향이 북향에 비해 훨씬 좋은 것을 몰라. 북쪽은 큰길에 가까워서 아침부터 저녁까지 사람이며 차가 다녀. 가끔은 밤에 낮보다도 더 시끄러워서 자다가 깰 때도 많아.

小李 ：难怪，难怪。你什么时候搬，告诉我一声，我来帮忙。
그럴 만하구나. 너 언제 이사하니? 내게 알려 주면 내가 도우러 올게.

美珍 ：不麻烦你了。东西不多，我一个人能行。
너에게 폐 끼치지 않을래. 물건이 많지 않으니 나 혼자 할 수 있어.

小李 ：你别客气，多个人总比少个人好。
괜찮아. 한 사람 더 있으면 없는 것보다는 낫잖아.

어법배우기

01 比 – 비교의 개사

(1) 我比他大一岁。 나는 그보다 한 살 많다.

(2) 这件毛衣跟那件毛衣一样好看。 이 스웨터는 저 스웨터와 마찬가지로 예쁘다.

(3) 他比我很大。（ⅹ） 他比我大。（ｏ） 그는 나보다 나이가 많다.

(4) 他不比我高。（＝ 他跟我差不多高） 그의 키는 나보다 크지 않다. (나와 거의 같다.)

(5) 他没有我高。（＝ 他比我矮） 그는 나만큼 크지 않다. (나보다 작다.)

 **多**

(1) 我比他少学半年。 나는 그보다 반 년 덜 배웠다.
(2) 他早来三天。 그는 3일 일찍 왔다.
(3) 汉语和日语，哪个更难学？ 중국어와 일본어 중 어떤 것이 더 배우기 어렵니?

03 …是…，可…

(1) 听是听清楚了，可是记不住。 분명히 듣긴 들었지만, 기억하지 못한다.
(2) 这皮大衣好是好，就是价钱太贵。 이 가죽코트는 좋기는 좋은데, 가격이 너무 비싸다.

상황회화 2

小李 : 今天天气怎么样？你听过天气预报吗？
오늘 날씨 어때? 일기예보 들었어?

美珍 : 我醒来第一件事就是听天气预报。今天晴转多云，傍晚有雷阵雨，最高温度
35度。
나는 일어나서 제일 먼저 하는 일이 일기예보 듣는 거야. 오늘은 맑다가 구름이 많을 거래. 저녁 무렵에는 천
둥을 동반한 비가 내릴 거고, 최고 기온은 35도야.

小李 : 怎么今天气温比昨天还高？ 어떻게 오늘 기온이 어제보다 더 높아?
▷ 여기에서의 '还'에는 '昨天气温也很高(어제 기온도 매우 높았다)'라는 의미가 포함되어 있어서, 이 문장은 '어제 기온이
매우 높았는데 오늘은 더 높다'라는 의미를 나타냅니다.

美珍 : 可不是，还高一度。不过，如果下雨，晚上会凉快一些。
그러게 말이야. 1도 더 높잖아. 그렇지만 비가 오면 저녁에는 좀 시원해질 거야.
▷ '可不是'는 '对(맞다)', '是的(그렇다)'의 뜻으로 맞장구를 칠 때 씁니다. 여기에서 '不是'는 경성으로 읽으며, '可不'라고
만 해도 가능합니다.

小李 : 那太好了。 그거 참 잘됐다.

美珍 : 我以前在昆明呆过，这里的气候比起昆明来，糟多了。夏天热，冬天冷，一
年四季都很干操。
나는 전에 쿤밍에 있었는데, 여기 기후는 쿤밍에 비해 훨씬 나빠. 여름에는 덥고, 겨울에는 춥고, 사계절 내내
너무 건조해.

小李 : 昆明四季如春，北京哪能跟昆明比？
쿤밍은 사계절이 온화하잖아. 어떻게 북경과 쿤밍과 비교하니?

美珍 : 听说，五号就是三伏了。 듣자하니, 5일이 삼복이래.

小李 : 三伏让人受不了。 삼복은 견디기가 힘들어.

美珍 ： 别担心, 教室里和家里要比这儿凉快多了。

걱정 마. 교실과 집 안은 밖보다 훨씬 시원하니까.

01 会

(1) 明天会不会下雨? 내일 비가 올까?

(2) 我想他一定会大吃一惊的。 그가 분명히 깜짝 놀랄 것이라고 생각해.

(3) 你妈妈一定会喜欢的。 너희 어머니께서 분명히 좋아하실 거야.

02 哪(儿)

(1) A: 你怎么不上我家来玩呢? 너 왜 우리 집에 놀러 오지 않니?

B: 我哪有时间啊。 내가 시간이 어디 있어?

(2) A: 看, 下雨了, 你怎么没带雨伞?

봐, 비 온다. 너 왜 우산 안 가져왔어?

B: 刚才天气还挺好的, 我哪知道会下雨呀?

방금 날씨가 아주 좋았는데, 내가 비가 올 줄 어떻게 알았겠니?

听力 Test

❶ 女: 上星期你们全班都去西安旅行了? 지난 주에 너희 반 전체가 시안으로 여행갔었지?

男: 对, 除了我。 응. 나만 빼고.

问: 他们班上星期去西安旅行的人有多少?

그들 반에서 지난 주 시안으로 여행 간 사람은 몇 명입니까?

정답 B

❷ 女: 你做菜的手艺有没有老张那么高? 너 음식 솜씨가 老张만큼 좋으니?

男: 嗨, 我哪能跟他比, 人家是饭店的大厨师!

아이, 나를 어떻게 그와 비교하니. 그는 호텔 주방장인데.

问: 男的是什么意思? 남자의 말은 무슨 의미입니까?

정답 B

❸ 女: 小江起床了吗? 小江 일어났니?

男: 他呀, 还没醒呢。 걔, 아직 안 일어났어.

问: 小江在干什么? 小江은 무엇을 하고 있습니까?

정답 B

❹ 女: 你现在住的房间比原,

那间大一点儿吧？

네가 지금 살고 있는 방이 전의 방보다 조금 더 크지?

男: 可不。不过，租金也高了。 당연하지. 그렇지만 방세도 비싸.

问: 比起原来的房间来，他现在的房间怎么样？

전의 방과 비교하여 그의 현재의 방은 어떻습니까?

정답 C

❺ 女: 你家靠近郊区，那儿一定很安静吧？

너희 집은 교외에서 가까우니까 분명히 조용할 거야?

男: 安静是安静，就是太冷清了。 조용하긴 한데. 너무 쓸쓸해.

问: 男的是什么意思？ 남자의 말은 무슨 의미입니까?

정답 C

❻ 男: 你花了那么多钱，就买了这么一点东西？

너는 돈을 그렇게 많이 들였는데 물건을 겨우 이만큼 샀어?

女: 你也不看看，这些东西可都是名牌儿！

너 보지도 않는구나. 이 물건들은 다 명품이야!

问: 男的为什么生气？ 남자는 왜 화가 났습니까?

정답 C

❼ 男: 你什么时候回国，事先告诉我一声，我好去机场接你。

너 언제 귀국하니? 미리 나에게 알려 줘. 내가 공항으로 마중 나가게.

女: 那再好没有了！要不，这么多行李我真不知道怎么拿呢。

그럼 정말 좋지! 그렇지 않으면 이렇게 많은 짐을 어떻게 다 나르니?

问: 女的是什么意思？ 여자의 말은 무슨 의미입니까?

정답 A

❽ 女: 你打算在这儿呆多久？ 너 여기에서 얼마나 머물 거야?

男: 说不准。得看具体情况。 확실치 않아. 구체적인 상황을 봐야지.

问: 男的准备在这儿住多长时间？ 남자는 여기에서 얼마나 머물 예정입니까?

정답 B

❾ 女: 他穿了这件深色T恤，看上去更瘦了。

그가 이 짙은 색 티셔츠를 입으니 더 말라 보인다.

男: 我看，他看上去更帅了！ 내가 보기에는 그가 더 멋져 보이는데!

问: 这两个人觉得他穿这件T恤合适不合适？

이 두 사람은 그에게 이 티셔츠가 잘 어울린다고 생각합니까?

정답 B

❿ 天气预报：今天晴天，最高温度三十五度，明天多云转阴，傍晚有雷阵雨，最低温度二十五度，最高温度三十一度。

오늘은 맑겠으며, 최고 기온은 35도입니다. 내일은 구름이 많다가 흐리겠으며, 저녁 무렵에는 천둥을 동반한 비가 내리겠습니다. 최저 기온은 25도, 최고 기온은 31도입니다.

问: 明天天气怎么样？ 내일 날씨는 어떻습니까?

정답 C

阅读 Test

美珍现在住在一号楼502号房间，这个房间是朝南的，下个学期要搬到二号楼的301去，那是个朝北的房间。有人说，朝北的房间冬天冷得多。可美珍觉得朝南朝北没什么两样，冬天房间里有暖气，还不是一样暖和？还有人说，二号楼靠马路，外面人来人往，太吵了。美珍觉得，吵是吵了点儿，可是，二号楼的房间比一号楼的大一些，还多了一个空调、一个冰箱。比较起来，美珍还是喜欢住在二号楼。

해석 美珍은 현재 1동 502호에 살고, 이 방은 남향이다. 다음 학기에는 2동의 301호로 이사할 예정이며, 그 방은 북향이다. 어떤 사람은 북향은 겨울에 훨씬 춥다고 이야기를 한다. 그렇지만 美珍은 남향이든 북향이든 별 차이가 없다고 생각한다. 겨울에는 방 안에 난방을 하니까 마찬가지로 따뜻하지 않은가? 또 어떤 사람은 2동이 큰길과 가까워서 밖에서 사람들과 차가 지나다녀 너무 시끄럽다고 말한다. 美珍은 좀 시끄럽긴 하지만 2동은 1동보다 방이 크고, 에어컨과 냉장고도 있다고 생각한다. 비교해 보니, 美珍은 그래도 2동이 마음에 든다.

❶ 美珍为什么要搬到二号楼去？
二号楼的房间比一号楼的大一些, 还多了一个空调、一个冰箱。

❷ 美珍喜欢住在朝南的房间还是朝北的房间？
美珍觉得朝南朝北没什么两样。

❸ 比起一号楼来, 二号楼的房间有什么缺点？
二号楼靠马路, 外面人来人往, 太吵了。

综合 Test

❶ 你们俩 比 起来, 谁的个子高？

❷ 请 比较 一下这两个词的差别。

❸ 今天 比 昨天更闷热。

❹ 昨天很闷热, 今天 比较 凉快。

❺ A : 你们俩汉语都不错吧？
B : 他说得比我好多了, 我 哪能跟他比 啊! (哪, 跟…比)

❻ 我喜欢听音乐, 他 _跟我一样, 也喜欢听音乐_ 。(跟…一样, 也)

❼ 我是九月一号来的, 他是九月十号来的, 他 _比我晚来九天_ 。(比, 九天)

❽ 他以前汉语不怎么样, 现在 _说得比以前流利多了_ 。(说, 比, 流利)

作文 Test

❶ 汉语和日语, 哪个更难学?

❷ 这皮大衣好是好, 就是价钱太贵。

❸ 比起冬天来, 我更喜欢夏天。

❹ 他太太比他矮多了。

❺ 他网球打得棒极了, 我没有他打得好。

❻ 北京哪能跟昆明比?

❼ 西楼的房间比东楼的大。

我很想学太极拳。

나는 태극권이 무척 배우고 싶습니다.

학습 목표

1. 무언가를 배우는 것에 관한 표현을 익혀 봅니다.
2. '~하려고 하다', '~하고 싶다'의 의미로 어떤 일을 하려는 의지와 바람을 나타내는 '想'의 용법에 대해 알아봅니다.

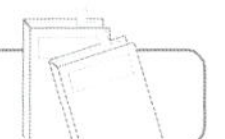

기본문형

1 我很想学太极拳。 나는 태극권을 배우고 싶다.

我想再从头学一遍。 나는 처음부터 다시 배우고 싶다.

我以后想做一些中韩文化交流方面的工作。
나는 나중에 중한 문화 교류 방면의 일을 하고 싶다.

2 我希望他能收我这个洋弟子。
나는 그가 이 서양 제자를 받아 줬으면 좋겠다.

我希望通过这次学习, 听说能力有较大的提高。
나는 이번 학습을 통해 듣기와 말하기 능력이 향상되기를 바란다.

我希望你们利用这次机会, 在中国多走走, 多看看。
나는 너희들이 이번 기회를 이용해 중국의 곳곳을 많이 다니고 보기를 바란다.

3 能不能一次放在星期六, 一次放在星期三?
한 번은 토요일로 하고, 한 번은 수요일로 할 수 있을까?

能不能马上把课本发给我们? 교과서를 지금 즉시 우리에게 배포할 수 있을까요?

能不能拜您为师? 당신을 스승으로 모셔도 될까요?

4 哪儿都行。 어디든 된다.

谁都喜欢吃。 누구든지 먹는 것을 좋아한다.

什么事都能干。 무슨 일이든 모두 할 수 있다.

5 你最好一星期学两次。

너는 일주일에 2번 배우는 것이 가장 좋다.

你最好给我介绍一些中国历史方面的知识。

네가 나에게 중국 역사 방면의 지식을 소개해 주는 것이 가장 좋겠다.

你最好不要这么着急。

너는 그렇게 서두르지 않는 게 가장 좋다.

你最好少说一点英语, 多说一点汉语。

너는 영어는 적게 말하고 중국어는 많이 말하는 게 가장 좋다.

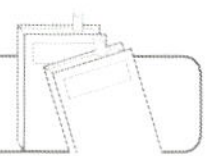

米切尔 : 每天早上, 我看到好多人在打拳、舞剑, 心里痒痒的, 也想拜个老师, 学一门中国武术。

매일 아침, 나는 많은 사람들이 태극권과 검술을 하는 것을 보는데, 몸이 근질근질해. 스승을 한 분 모셔서 중국 무술을 한 가지 배우고 싶어.

▷ '打拳、舞剑'은 권법과 검술을 하는 것을 가리킵니다. 중국 도시에서는 많은 사람들, 특히 노인들이 아침 일찍 공원, 운동장, 길가 잔디밭 등에 나와 운동을 하는 모습을 쉽게 찾아볼 수 있습니다.

▷ '心里~的'는 무언가를 하고 싶어하는 마음속의 충동을 가리킵니다.

美珍 : 我认识一位朋友, 他太极拳打得很棒, 有不少学生。

내 친구가 하나 있는데, 그는 태극권을 매우 잘해. 학생도 많아.

米切尔 : 我能拜他为师吗? 我很想学太极拳。

내가 그를 스승으로 모셔도 될까? 나는 태극권이 무척 배우고 싶어.

美珍 : 那我问问他。   그럼 내가 그에게 물어볼게.

米切尔 : 希望他能收我这个洋弟子。   그가 이 서양 제자를 받아 줬으면 좋겠다.

美珍 : 你有什么具体要求吗?   구체적인 요구 사항 있어?

米切尔 : 具体要求?   구체적인 요구 사항?

美珍 : 我是说, 你希望一星期学几次?   내 말은, 너 일주일에 몇 번 배우고 싶냐고.

▷ '我是说'는 상대방이 자신의 말을 이해하지 못하거나 오해가 생겼을 경우, 설명하고자 할 때 쓰입니다.

米切尔 : 我想最好一星期学两次。   일주일에 두 번이면 가장 좋을 것 같아.

美珍 : 放在哪一天比较合适?   무슨 요일이 괜찮은데?

米切尔 : 能不能一次放在星期六, 一次放在星期三? 具体时间请老师决定。

한 번은 토요일로 하고, 다른 한 번은 수요일로 할 수 있을까? 구체적인 시간은 선생님이 결정하도록 하고.

美珍 : 地点呢?   장소는?

米切尔 : 哪儿都行。   아무 데나 좋아.

美珍 : 那好, 我去跟他商量商量, 估计不会有什么问题。
그럼 좋아. 내가 그와 의논해 볼게. 아마 별 문제 없을 거야.

 **어법배우기**

01 의문사 + 都/也…

(1) 这事谁都知道。(任何人) 이 일은 아무도 모른다. (어떤 사람도)
(2) 他哪儿也不想去。/ 他什么地方也不想去。/ 他哪个地方也不想去。(任何地方)
그는 아무 데도 가고 싶어하지 않는다. (어떤 곳도)
(3) 这车怎么修也修不好。(用任何方法) 이 차는 아무리 수리해도 수리가 안 돼. (어떤 방법을 써도)

02 呢

(1) 这个道理在哪儿呢? 이런 이치가 어디에 있는가?
(2) 什么事呢? 무슨 일입니까?

02 想

(1) 我想买双皮鞋。 나는 구두를 사고 싶다.
(2) 老师, 我想请你帮个忙。 선생님, 저 좀 도와주시겠어요?

英雄 : 你早! 안녕!

美珍 : 你早! 你这么早就起来了, 昨晚没睡好吗?
안녕! 이렇게 일찍 일어났네. 어젯밤에 잠 잘 못 잤어?

英雄 : 这是我在中国过的第一个晚上, 心里很兴奋, 一夜都没睡着。天一亮, 就起
来了, 想出来走走看看。
중국에서 보내는 첫 번째 밤이었잖아. 흥분돼서 한숨도 못 잤어. 날이 밝자마자 바로 일어났지. 나가서 돌아다
니면서 구경하고 싶었어.

美珍 : 我刚来的时候也是这样, 哪儿都想去, 什么都想看, 一切都是那么新鲜、有趣。
나도 처음 왔을 때 그랬지. 어디든 다 가고 싶고, 무엇이든 다 보고 싶고, 모든 것이 새롭고 흥미 있었어.
▷ '一切都是那么新鲜、有趣' 에서 '那么' 는 어떤 정도가 높음을 나타냅니다.

英雄 : 在我还是小孩子的时候, 中国就吸引着我。这是一个古老而美丽的国家, 我
从小就盼望着有一天能来中国。
나는 어린아이였을 때부터 중국에 매력을 느꼈어. 중국은 오래되고 아름다운 나라이지. 나는 어릴 때부터 언

젠가는 중국에 올 수 있기를 바랐어.

> '古老而美丽'에서 '而'은 병렬하고 있는 두 개의 형용사를 연결하는 역할을 합니다. 두 개의 형용사 사이에는 일반적으로 '和'를 쓸 수 없습니다.

美珍 ：现在你的愿望终于实现了。我也非常喜欢中国，将来想做一些韩中文化交流方面的工作。现在得抓紧时间好好学习。

이제 네 바람이 마침내 이루어졌네. 나도 중국을 아주 좋아해서 앞으로 한중 문화 교류 방면의 일을 하고 싶어. 지금은 집중해서 열심히 공부해야지.

英雄 ：你的汉语已经很不错了。　너는 이미 중국어를 상당히 잘하는데.

美珍 ：还差得远呢，特别是听和说。　아직 멀었어. 특히 듣기와 말하기는.

> '还差得远呢'는 다른 사람과 비교할 때 차이가 매우 크거나, 기준에 훨씬 못 미친다는 뜻입니다.

英雄 ：我觉得学习语言，听和说是很重要的。现在我们每天听的、说的都是汉语。我要抓住机会多练习，希望短时间里听说能力得到很大的提高。

언어를 배우는 데 있어서 듣기와 말하기가 매우 중요한 것 같아. 지금 나는 매일 듣고 말하는 것이 모두 중국어이지. 나는 기회를 잡아서 많이 연습할 거야. 단시간 내에 듣기와 말하기가 많이 늘었으면 좋겠어.

美珍 ：这也许是所有留学生的愿望吧。　그건 아마 모든 유학생들의 바람일 거야.

어법배우기

01 …着 zháo

(1) 外面太吵了，我睡不着。　밖이 너무 시끄러워서 나는 잠을 이룰 수가 없다.
(2) A: 那张票，我找了半天也没找着。　그 표를 나는 한참을 찾았지만 찾지 못했어.
　　 B: 找不着就算了，别找了。　못 찾았으면 됐어. 찾지 마.

03 听的 / 说的

(1) <u>昨天来看我的</u>是我的汉语老师。　어제 나를 보러 온 사람은 나의 중국어 선생님이다.
(2) <u>那位穿红毛衣的</u>是我姐姐。　붉은 스웨터를 입은 저 사람은 우리 언니이다.
(3) <u>上个月买的</u>已经用完了，今天得再去买一点儿。

지난 달에 산 것은 이미 다 썼다. 오늘 다시 사러 가야 한다.

听力 Test

❶ 女: 他好像进步不大。　그는 별로 발전이 없는 것 같아.
　 男: 是啊。不过，他已经够努力了，主要是基础太差。

그래. 그렇지만 그는 이미 충분히 노력했어. 중요한 건 기초가 너무 부실하다는 거야.

　 问: 他怎么样？　그는 어떻습니까?

정답 B

② 女: 昨天晚上我睡不着。　어젯밤 나는 잠을 잘 수가 없었어.

男: 我一躺下就睡着了。　나는 눕자마자 바로 잠들었는데.

问: 男的昨天晚上睡得好吗？　남자는 어젯밤 잠을 잘 잤습니까?

정답 C

③ 女: 我在国内学过汉语, 不过, 基本上是自学。

나는 국내에서 중국어를 배웠지만 기본적으로는 독학이야.

男: 你能通过自学达到现在的水平, 很不容易呀!

독학으로 지금 수준까지 올라왔다니, 정말 대단하다!

问: 关于女的, 我们知道什么？　여자에 대해서 우리는 무엇을 알 수 있습니까?

정답 A

④ 女: 真没想到, 你还有洋弟子。　너에게 서양인 제자까지 있다니 정말 생각도 못했다.

男: 这有什么可奇怪的。　그게 뭐 이상할 거 있나?

问: 从这段对话里我们知道什么？　이 대화에서 우리는 무엇을 알 수 있습니까?

정답 B

⑤ 女: 上一次老师布置的作业 —— "介绍我国的气候", 你交上去了？

지난번에 선생님이 내 주신 숙제 '우리나라의 기후 소개', 너 제출했니?

男: 上一次的作业？都发下来了。　지난번 숙제? 벌써 돌려받았어.

问: 男的是什么意思？　남자의 말은 무슨 의미입니까?

정답 B

⑥ 女: 你看, 什么时候见面最合适？　언제 만나는 게 좋겠어?

男: 除了周末, 什么时候都行。　주말만 아니면 아무 때나 좋아.

问: 男的希望什么时候见面？　남자는 언제 만나기를 원합니까?

정답 C

⑦ 女: 你不专心听课, 老是朝窗户外面看什么？

너는 집중해서 수업을 듣지 않고, 항상 창밖으로 뭘 그렇게 내다보는 거야?

男: 一看见别人在踢球, 我心里就痒痒的。

다른 사람이 축구하는 것만 보면 몸이 근질근질해서.

问: 男的现在怎么样？　남자는 지금 어떻습니까?

정답 C

⑧ 女: 你现在工作这么忙, 还要照顾你的两个孩子, 怕是有点忙不过来了吧？

너는 지금 일이 이렇게 바쁜데 두 아이까지 돌봐야 하니, 다 해낼 수 없는 거 아니야?

男: 可不是, 要是我父母亲在这儿就好了。

그러게, 만약 우리 부모님이 여기 계시면 얼마나 좋아.

问: 关于男的, 我们知道什么？　남자에 대해서 우리는 무엇을 알 수 있습니까?

정답 A

⑨ 女: 你怎么又换工作了？　너 왜 또 일자리 옮겼니?

男: 原来那个工作太没劲儿了!　전에 하던 일이 너무 재미가 없었어!

问: 男的为什么换了工作? 남자는 왜 일자리를 옮겼습니까?

정답 C

⑩ 男: 老师，您看我这太极拳打得差不多了吧?
선생님, 선생님 보시기에 제가 이제 태극권을 잘하지요?

女: 差不多? 还差得远呢! 잘한다고? 아직 한참 멀었다!

问: 老师觉得他的太极拳打得怎么样? 선생님은 그의 태극권이 어떻다고 생각합니까?

정답 B

阅读 Test

听说你想跟我练习汉语口语? 那再好没有了! 不过，我也有一个要求，能不能跟你练习韩语口语? 我是韩语系毕业的，在北京的一家韩国公司工作，老板要求我能说一口流利的韩语。现在我的读写能力还可以，但听说水平不高。所以，我希望利用这次机会，在听说能力方面有比较大的提高。我们是不是可以一个小时说韩语，一个小时说汉语，你看怎么样? 我除了星期六、星期天以外，哪天晚上都有空，具体时间你决定吧。

해석_ 너 나와 중국어 회화 연습을 하고 싶다고 했다며? 그럼 정말 잘됐다. 그런데 나도 요구 사항이 하나 있어. 너랑 한국어 회화 연습을 할 수 있을까? 나는 한국어과를 나왔고, 베이징의 한 한국 회사에서 일하고 있어. 사장님은 내가 한국어를 유창하게 할 것을 요구하시지. 지금 나는 읽기와 쓰기 실력은 괜찮지만 듣기와 말하기 수준은 별로야. 그래서 나는 이번 기회를 이용해 듣기와 말하기 실력을 많이 높이고 싶어. 우리 한 시간은 한국어로 이야기하고, 한 시간은 중국어로 이야기하는 것 어때? 나는 토요일, 일요일 빼고는 모두 저녁에 시간이 있어. 구체적인 시간은 네가 정하렴.

❶ 说话的是个什么人? 她在跟谁说话?
说话的是韩语系毕业的，在北京的一家韩国公司工作。
她在跟韩国朋友说话。

❷ 她们俩各有什么希望?
说话的想练习韩语口语，听的想练习汉语口语。

❸ 在时间上，说话人有什么要求?
除了星期六、星期天以外，哪天晚上都有空。

综合 Test

❶ 我 _要_ 听听您的"国际金融"课，可以吗?

❷ <u>希望</u> 你能认真考虑一下我的建议。

❸ 你<u>能</u> <u>不</u> <u>能</u> 说得具体一点？

❹ 祝你早日实现自己的 <u>愿望</u> 。

❺ A：你想去哪儿？
　 B：我 <u>哪儿都不想去</u> 。（哪儿，都）

❻ A：我什么时候可以去拜访您？
　 B：随便，你 <u>什么时候都可以来</u> 。（什么时候，都）

❼ 我希望将来 <u>做一些韩中文化交流方面的工作</u> 。（韩中文化交流，方面）

❽ 我希望 <u>把基础打得扎实一些</u> 。要是基础不扎实，以后就不可能有较大的进步。
　 （打，基础）

作文 Test

❶ 这事谁都知道。

❷ 他什么也没吃。

❸ 外面太吵了，我睡不着。

❹ 我很想学太极拳。

❺ 那位穿红毛衣的是我姐姐。

❻ 这个道理在哪儿呢？

❼ 地点呢？　／　哪儿都行。

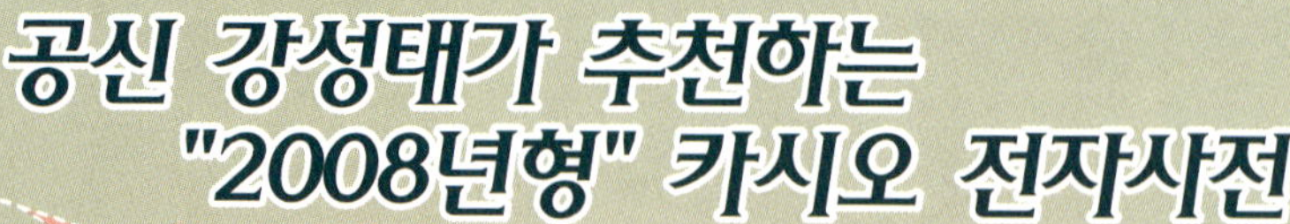

학습에서 실무까지 폭넓게 지원하는 본격파 콘텐츠 수록
외국어 공부에 최적인 전문가 전자사전

영어 모델 EW-L6200   영어 | 일본어 | 중국어 | 독일어 | 프랑스어 | 이탈리아어 | 스페인어

- 영어 학습과 실무에 꼭 필요한 Oxford 영영사전 6권 수록.

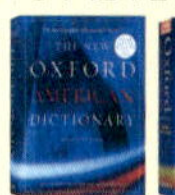  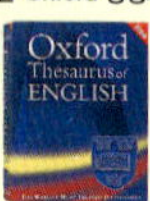 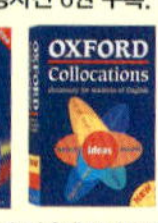  

· New Oxford American Dictionary
· Oxford Advanced Learner's Dictionary 제7판
· Oxford Thesaurus of English 2nd edition
· Oxford Collocations dictionary for students of English
· Oxford Learner's Wordfinder Dictionary
· Oxford Multilingual Word and Phrase bank

- 작문과 회화에 유용한 주제 · 분야별 사전 Wordfinder.
  (관련단어와 표현 약 30,000어 수록)
- New TOEIC, TOEFL 시험 대비 콘텐츠 수록.
- Oxford Translator로 유럽 5개 언어를 완벽 지원.
- 일본어, 중국어 학습에 최적인 콘텐츠 다수 수록.
- 한자능력검정시험 대비 1급~6급 수록.
- 여행이나 출장 시에 도움이 되는 편리한 회화집 7권 수록.

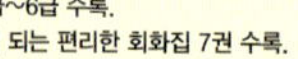

일본어 모델 EW L3200   일본어 | 영어 | 중국어 | 독일어 | 프랑스어 | 이탈리아어 | 스페인어

- 「広辞苑」「新明解」을 비롯해 다양한 일본어 콘텐츠 23권 수록.

広辞苑 第五版
新明解日語辞典 第五版
漢字源
EJU 스코어 UP (독해＋청해)
EJU 스코어 UP (청독해＋기술)

- 보다 깊고 넓게 일본어 한자의 이해를 돕는 「漢字源」, 수록 어수 13,255자
- 영어 학습과 실무에 위력을 발휘하는 콘텐츠 9권 수록.
- New TOEIC, TOEFL 시험 대비 콘텐츠 수록.
- 중국어 학습을 지원하는 콘텐츠도 수록.
- 한자능력검정시험 대비 1급~6급 수록.
- 여행이나 출장 시에 도움이 되는 편리한 회화집 7권 수록.

중국어 모델 EW-L7200   중국어 | 영어 | 일본어 | 독일어 | 프랑스어 | 이탈리아어 | 스페인어

- 「고려대학교 중한 · 한중 사전」 등, 정평있는 중국어 사전을 14권 수록.

고려대학교 중한사전
· 중한 사전 최고 수준의 약 18만 어휘 수록
· 사용자의 편의성을 최대한 향상시킨 검자 기능
· 정보통신분야를 비롯한 다양한 영역의 신조어 추가
· 간체자, 이체자의 자형을 정확하게 구현
· 한글 음훈 표기로 옥편 기능 겸비

고려대학교 한중사전
· 급속히 변화하는 현대 중국의 사회 상황과 언어 반영
· 번역, 작문 등 사용자 편의를 강화한 내용과 체계
· 일상 생활과 학습, 실무에 필요한 학술 용어, 전문 용어, 외래어,
  신조어를 망라한 새롭고 다양한 어휘를 폭넓게 수록.
· 활용도가 높은 예문과 풍부한 용례

NEW

중영대사전
1. 문학,이공,공업,농업,의학,경제,법률,상업등 다양한 분야를
   한 권에 총망라한 대형 한영사전.
2. 일반 한영(漢英)사전과 과학기술 한영(漢英)사전 기능도 겸비.
3. 표제어 1.1만어, 숙어 표제어 22만어(성어, 관용어,신조어8000어를 포함함).
4. 표제어에 약 20만어의 복합어를 추가 수록.

현대한어대사전
· 새로운 표제어 15312개
· 숙어 표제어 10만 개 수록
· 풍부한 예문, 어원 수록

HSK 어휘8822
HSK어휘 8822 초중급편

- 일반 · 전문 · 기술 용어는 물론 과학기술 사전 기능도 겸비한 대형 중영대사전 수록.
- 영어 학습과 실무에 위력을 발휘하는 콘텐츠 9권 수록.
- New TOEIC, TOEFL 시험 대비 콘텐츠 수록.
- 「新明解」를 비롯해 일본어 학습에 최적인 콘텐츠 5권 수록.
- 한자능력검정시험 대비 1급~6급 수록.
- 여행이나 출장 시에 도움이 되는 편리한 회화집 7권 수록.

Happy Chinese

최고를 향해 **한 발 한 발** 나아가는 절대 커리큘럼

중국어 교실

1
중급편

Happy Chinese
중국어교실 중급편1

지은이 陈阿宝
펴낸이 임준현
펴낸곳 넥서스CHINESE

초판 1쇄 인쇄 2008년 1월 30일
초판 1쇄 발행 2008년 2월 5일

출판신고 2001년 12월 5일 제 313-2005-00004호
121-840 서울시 마포구 서교동 394-2
Tel (02)330-5500 Fax (02)330-5555

ISBN 978-89-5795-153-8 94720
     978-89-5795-157-6 (세트)

가격은 뒤표지에 있습니다.
잘못 만들어진 책은 구입한 곳에서 바꾸어 드립니다.
www.nexusbook.com

Happy Chinese
최고를 향해 **한 발 한 발** 나아가는 절대 커리큘럼
중국어
교실
陈阿宝 지음
1
중급편

중국어 학습의 가장 정확하고 빠른 '지름길' 이 여기 있습니다!

중국어와 친구 되기를 희망하는 여러분을 진심으로 환영합니다.
중국어 첫 수업, 마치 첫 데이트를 하던 때와 비슷한 가슴 벅참과 설렘이 느껴지던 순간이었습니다.

이제부터 배워 갈 중국어는 순간순간 여러분에게 주는 희열도 만만치 않겠지만, 때론 여러분을 속상하게 할지도 모릅니다. 저도 예전엔 맘 고생 많이 했거든요. 그래서 "에라 모르겠다!" 하고 포기하려고도 했었습니다. 그·러·나 그 동안 공부했던 시간과 학원비로 날린 돈이 아까워 오기로 버티다 보니 어느새 중국어가 없으면 숨을 쉬어도 살아 있는 것이 아니요, 밥을 먹어도 배가 부르지 않는 중국어 중독자가 되고 말았습니다.

여러분도 이 교재를 만난 이상 '저' 처럼 그렇게 되실 거라고 믿습니다. 이 책에는 말이죠, '저' 의 중국어 사랑이 듬뿍 담겨 있습니다. 세상의 모든 부모님은 이렇게 말씀하십니다. '내 새끼만큼은 고생시키고 싶지 않아요.' 저 역시 저의 중국어 후배이신 여러분들은 제가 했던 고생을 안 했으면 하는 마음에서, 그 옛날의 시행착오를 거울 삼아 이 책 구석구석을 채웠습니다.

어떻게 채웠는지 말해달라고요? 여러분께서 만약 열정과 좌절 사이를 넘나들며 〈중국어교실〉 시리즈를 모두 끝내신다면 어느새 중국어 실력이 놀라보게 향상된 자신을 발견하게 될 것입니다.

어학에는 '왕도' 란 없습니다. 그러나 어떤 방법을 택하느냐에 따라 '지름길' 은 찾을 수 있습니다. 여러분은 이 책에서 중국어 학습의 '지름길' 을 발견하실 수 있으리라 믿습니다. 이제 중국어를 시작하는 여러분에게 '중국어 학습의 든든한 동반자' 가 되겠습니다.

모쪼록 중국어와 마음이 '통(通)' 해 끝까지 함께 하는 여러분이 되셨으면 하는 마음입니다.

2008년
넥서스CHINESE 편집부

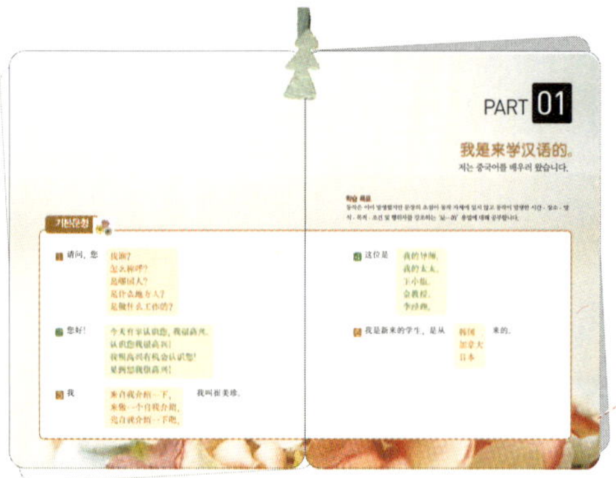

기본문형

이번 과에서 배울 어법을 기본문형을 통해 미리 공부합니다.

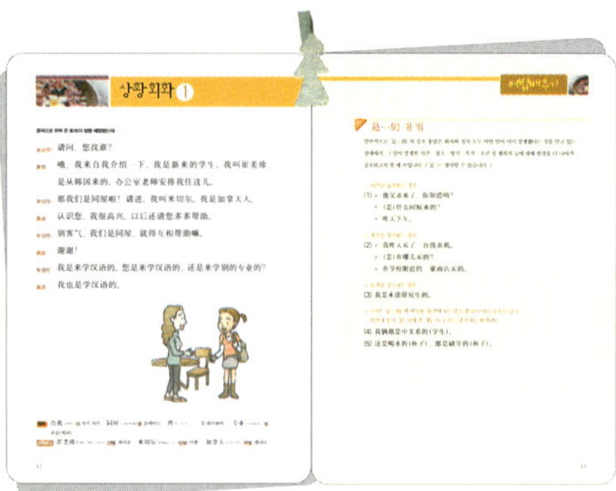

상황회화 1,2

미진이 중국 유학 생활을 통해 펼치는 드라마 스토리. 학교에서 벌어지는 일들과 일상 생활에서 벌어지는 일들이 한 편의 드라마로 펼쳐집니다. 자~ 우리 주변에서 일어나는 일들을 중국어로 어떻게 표현하는지 생동감 넘치는 삽화와 함께 드라마로 감상해 볼까요? 회화는 꼭 소리 내어 5번씩 읽으세요. 어법까지 해결됩니다.

어법배우기 1,2

회화 속에 숨어 있는 어법들을 하나하나 쏙쏙 파헤쳐 볼까요?
체계적인 설명과 풍부한 예문으로 중국어의 기초를 다지세요!~

[시험 유형의 연습문제로 복습 시작]

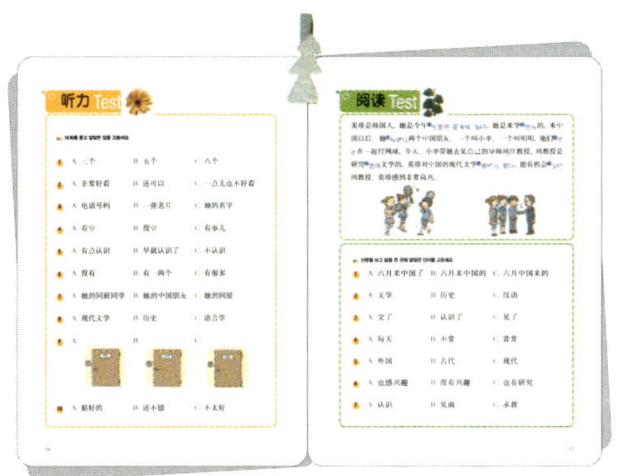

听力Test

듣기 문제입니다. 녹음을 잘 듣고 물음에 답해 보세요. 책을 보고 이해하는 것과 귀로 듣는 중국어는 차원이 다릅니다.

阅读Test

독해 문제입니다. 짧은 단문을 읽고 질문에 알맞은 답을 쓰는 주관식 문제로 앞에서 배운 상황 회화의 내용과 비슷하여 그리 어렵지는 않습니다.

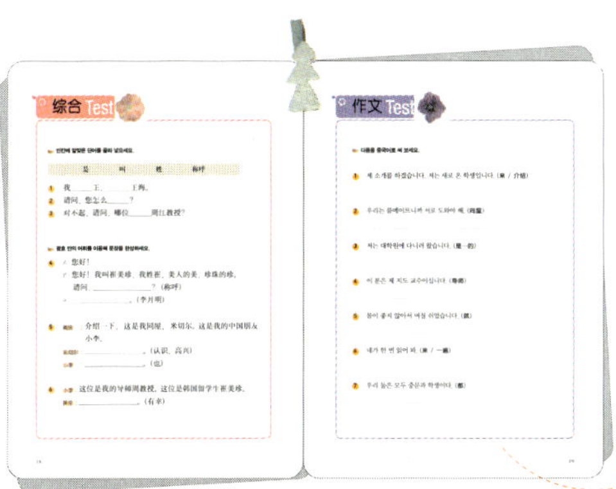

综合Test

종합 문제입니다. 주로 〈어법배우기〉에서 다뤘던 어법이나 수업 중에 선생님이 강조하셨던 내용을 위주로 공부하면 쉽게 풀 수 있답니다.

作文Test

작문 문제입니다. 앞에서 배웠던 내용을 써 보면서 총체적으로 점검합니다. 보고 쓰고를 되풀이해도 아련한 기억 속의 그대처럼 어렴풋하니 틀린 문제는 반복해서 써 보세요!

[쉬어 가는 페이지]

고사성어 한마디

중국어에서 많이 쓰이는 사자성어를 재미있는 이야기로 배워 봅니다.

중국문화 엿보기

단순히 중국어만 배우는 게 아니라 중국의 문화, 역사, 사회 등 다방면을 알 수 있습니다.

등장인물

최미진(崔美真)

중국으로 유학 온 20살의 발랄한 한국 유학생. 당차고 활발하며, 여행하는 것을 좋아한다. 같은 반 걸륜에게 반해 대시하려 하는데……

미쳴(米切尔)

미진의 룸메이트인 캐나다 유학생. 금발의 키가 큰 미녀. 태극권에 관심이 많으며, 데이빗이라는 미국 남자 친구가 있다.

제룬(杰伦)

중국 학생. 부잣집 아들로 럭셔리하며, 호감형의 외모로 여학생들 사이에 인기가 많다. 그러나 인기에 비해 여자에게는 전혀 관심이 없고 오직 공부에만 전념하는 학구파.

저우장(周江) 교수

중국 현대 문학 교수님. 요리가 취미이며, 한국어에 관심이 많다.

샤오리(小李)

중국 학생이며 미진의 둘도 없는 단짝 친구. 미진에게는 수호신 같은 존재로 두뇌가 명석하고 예의가 바르다. 운동이면 운동, 공부면 공부, 다방면으로 뛰어나다. 미진을 친구 아닌 이성으로 느끼는데……

희선(喜宣)

한국에서 다니던 대학을 휴학하고 1년 단기연수를 왔다. 외국어 배우는 것을 좋아하며 내성적인 성격에 말수가 적은 편이다. 미진의 단짝 친구 소이를 짝사랑하고 있다.

1 请问，您　找谁？
　　　　　怎么称呼？
　　　　　是哪国人？
　　　　　是什么地方人？
　　　　　是做什么工作的？

2 您好!　今天有幸认识您，我很高兴。
　　　　认识您我很高兴!
　　　　我很高兴有机会认识您!
　　　　见到您我很高兴!

3 我　来自我介绍一下，　　我叫崔美珍。
　　　来做一个自我介绍，
　　　先自我介绍一下吧，

PART 01

我是来学汉语的。

저는 중국어를 배우러 왔습니다.

학습 목표

1. 처음 만났을 때의 인사말과 소개의 표현을 익혀 봅니다.
2. 동작은 이미 발생했지만 문장의 초점이 동작 자체에 있지 않고 동작이 발생한 시간·장소·방
   식·목적·조건 및 행위자를 강조하는 '是…的' 용법에 대해 공부합니다.

4 这位是
我的导师。
我的太太。
王小姐。
金教授。
李经理。

5 我是新来的学生，是从
韩国
加拿大
日本
来的。

중국으로 유학 온 美珍이 방을 배정받는데……

米切尔: 请问，您找谁？

美珍 ： 哦，我来自我介绍一下。我是新来的学生。我叫崔美珍，
是从韩国来的。办公室老师安排我住这儿。

米切尔: 那我们是同屋啦！请进。我叫米切尔。我是加拿大人。

美珍 ： 认识您，我很高兴。以后还请您多多帮助。

米切尔: 别客气，我们是同屋，就得互相帮助嘛。

美珍 ： 谢谢！

米切尔: 我是来学汉语的。您是来学汉语的，还是来学别的专业的？

美珍 ： 我也是学汉语的。

단어 自我 zìwǒ **대** 자기 자신 ｜ 同屋 tóngwū **명** 룸메이트 ｜ 替 tì **접미조동** ~을 대신하여 ｜ 专业 zhuānyè **명**
전공(학과)

고유명사 崔美珍 Cuī Měizhēn 〈인명〉 최미진 ｜ 米切尔 Mǐqiè'ěr 〈인명〉 미첼 ｜ 加拿大 Jiānádà 〈지명〉 캐나다

12

01 　是…的 용법

일반적으로 '是~的' 의 강조 용법은 화자와 청자 모두 어떤 일이 이미 발생했다는 것을 알고 있는 상태에서, 그 일이 발생한 시간·장소·방식·목적·조건 및 행위자 등에 대해 한걸음 더 나아가 강조하고자 할 때 쓰입니다. ('是' 는 생략할 수 있습니다.)

* 시간을 강조하는 경우

(1) A : 他父亲来了，你知道吗？

　　B : (是) 什么时候来的？

　　A : 昨天下午。

* 장소를 강조하는 경우

(2) A : 我昨天买了一台洗衣机。

　　B : (是) 在哪儿买的？

　　A : 在学校附近的一家商店买的。

* 목적을 강조하는 경우

(3) 我是来读研究生的。

* 주의! '是~的' 와 비슷한 형식이지만 강조 용법이 아닌 경우도 있다.
　여기서 동사 '是' 뒤에 온 '的' 자 구조는 명사처럼 해석된다.

(4) 我俩都是中文系的(学生)。

(5) 这是喝水的(杯子)，那是刷牙的(杯子)。

중국인 친구 小李로부터 교수님을 소개받는 美珍······

小李 : 我来介绍一下，这位就是我的导师周江教授，这位是韩国
留学生崔美珍，是中文系吴双教授的学生。

美珍 : 您好，周教授。今天有幸认识您，我很高兴。这是我的名
片，以后还请多多指教。

周教授: 不客气，我和吴教授是多年的老朋友啦。

小李 : 美珍同学对中国现代文学也很感兴趣。

周教授: 那很好。有时间和小李一起去我家坐坐。

美珍 : 谢谢！我一定去拜访您。

단어 导师 dǎoshī 명 지도 교수 ｜ 教授 jiàoshòu 명 교수 ｜ 有幸 yǒuxìng 형 다행이다, 운이 좋다 ｜ 指教
zhǐjiào 동 지도하다, 가르치다 ｜ 拜访 bàifǎng 동 방문하다 (공손한 표현)
고유명사 小李 Xiǎo Lǐ 〈인명〉 샤오리 ｜ 周江 Zhōu Jiāng 〈인명〉 저우장

01 来

'来'는 동사의 앞에 놓여 어떤 일을 하려고 하는 적극성이나, 상대방에게 어떤 행동을 하게 하는 의미를 나타냅니다.

(1) (让)我来介绍一下，这位是我的朋友小王。
(2) (让)我来试试。
(3) 你来念一遍。
(4) 这件事怎么办，大家一起来想想办法吧。

02 就

1. '~면', '~인 이상', '~한 바에는' 등의 의미로 어떠한 조건이나 상황을 나타내는 문장의 다음에 쓰여 앞의 조건이나 상황 아래에서 자연히 어떠하다는 것을 나타냅니다. 이때 앞의 절에 보통 '只要'·'要是'·'既然' 등의 말이 옵니다.

(1) (因为)身体不好，(所以)就休息了两天。
(2) (如果)有空就来我家玩玩。
(3) (只要)努力学习，就一定能学好。

2. '바로', '꼭', '틀림없이'의 의미로 사실이 바로 그렇다는 것을 나타냅니다.

(1) 你就叫我小李好了。
(2) A : 谁是崔美珍？
　　 B : 我就是。
(3) 你看，前面那幢楼就是我们的宿舍。

▶▶▶ **대화를 듣고 알맞은 답을 고르세요.**

1　A. 三个　　　　B. 五个　　　　C. 八个

2　A. 非常好看　　B. 还可以　　　C. 一点儿也不好看

3　A. 电话号码　　B. 一张名片　　C. 她的名字

4　A. 有空　　　　B. 没空　　　　C. 有事儿

5　A. 有点认识　　B. 早就认识了　C. 不认识

6　A. 没有　　　　B. 有一两个　　C. 有很多

7　A. 她的同班同学　B. 她的中国朋友　C. 她的同屋

8　A. 现代文学　　B. 历史　　　　C. 语言学

9　A.　　　　　　B.　　　　　　C.

10　A. 挺好的　　　B. 还不错　　　C. 不太好

美珍是韩国人。她是今年①유월에 중국에 왔다。她是来学②한어的。来中国以后，她③사귀다两个中国朋友，一个叫小李，一个叫明明。他们④자주在一起打网球。今天，小李带她去见自己的导师周江教授。周教授是研究⑤현대文学的。美珍对中国的现代文学⑥흥미가 있다。能有机会⑦알다周教授，美珍感到非常高兴。

▶▶▶ 단문을 보고 밑줄 친 곳에 알맞은 단어를 고르세요.

① A. 六月来中国了　　B. 六月来中国的　　C. 六月中国来的

② A. 文学　　　　　　B. 历史　　　　　　C. 汉语

③ A. 交了　　　　　　B. 认识了　　　　　C. 见了

④ A. 每天　　　　　　B. 不常　　　　　　C. 常常

⑤ A. 外国　　　　　　B. 古代　　　　　　C. 现代

⑥ A. 也感兴趣　　　　B. 没有兴趣　　　　C. 也有研究

⑦ A. 认识　　　　　　B. 见面　　　　　　C. 求教

▶▶ 빈칸에 알맞은 단어를 골라 넣으세요.

是	叫	姓	称呼

1 我______王，______王海。

2 请问，您怎么______？

3 对不起，请问，哪位______周江教授？

▶▶ 괄호 안의 어휘를 이용해 문장을 완성하세요.

4 A：您好！

   B：您好！我叫崔美珍，我姓崔，美人的美，珍珠的珍。
      请问，________________？（称呼）

   A：________________。（李月明）

5 美珍　：介绍一下，这是我同屋，米切尔。这是我的中国朋友
          小李。

   米切尔：________________。（认识，高兴）

   小李　：________________。（也）

6 小李：这位是我的导师周教授。这位是韩国留学生崔美珍。

   美珍：________________。（有幸）

▶▶▶ **다음을 중국어로 써 보세요.**

1 제 소개를 하겠습니다. 저는 새로 온 학생입니다. (来 / 介绍)

---

2 우리는 룸메이트니까 서로 도와야 해. (同屋)

---

3 저는 대학원에 다니러 왔습니다. (是…的)

---

4 이 분은 제 지도 교수이십니다. (导师)

---

5 몸이 좋지 않아서 이틀 쉬었습니다. (就)

---

6 네가 한 번 읽어 봐. (来 / 一遍)

---

7 우리 둘은 모두 중문과 학생이다. (都)

出人头地 _chū rén tóu dì

남보다 뛰어남 또는 두각을 나타냄을 가리키는 말이다.
주로 학문의 수준이 남달리 뛰어난 것을 가리킨다.

구양수는 북송 때의 유명한 문학가이자 역사학자로서, 당시 문단을 대표하는 인물이었을 뿐만 아니라 훗날 '당송팔대가(唐宋八大家)'의 한 사람으로 손꼽힌다. 어느 날, 구양수는 한림학사의 신분으로 과거 시험을 주관하다가 한 젊은이가 쓴 답안지를 눈여겨보게 되었다. 그것은 바로 소식(苏轼)이 쓴 〈형상충후지지론(刑赏忠厚之至论)〉이라는 글이었다. 그는 이 글을 읽고 소식을 보기 드문 인재라고 칭찬했으며, 나중에 소식이 그에게 보낸 또 다른 글들을 읽고 나서는 소식에게 더욱더 감탄하게 되었다. 구양수는 당시 문단에서 명성이 높았던 매요신(梅尧臣)에게 보내는 편지에서 소식을 이렇게 칭찬했다. "소식의 글을 읽고서, 나도 모르게 식은땀을 흘렸다네. 정말 통쾌하더군!" 그러고는 이런 말을 덧붙였다. "이 늙은이는 이제 길을 비켜 주어야겠어. 그 젊은이가 두각을 드러낼 수 있게 말이야. [老夫当避路, 放他出一头地也]" 훗날 소식은 구양수의 격려와 영향 아래에서 저명한 문학가가 되었고, 사람들은 보통 사람들보다 월등히 뛰어난 사람을 가리킬 때 '出人头地'라는 말을 쓰게 되었다.

예문

我当时立下誓言, 我要出人头地, 改变自己的命运。
그때 나는 남보다 뛰어난 사람이 되어서 스스로의 운명을 바꾸겠다고 맹세를 했다.

중국의 국기 - 오성홍기

1949년 7월, 국공내전에서 승리하여 건국을 준비하던 중국 공산당은 새로이 탄생할 중화 인민공화국의 국기(国旗)와 국장(国章), 국가(国歌)를 공개 모집하였다. 불과 한 달 만에 국내외에서 3천여 종의 국기 도안이 제출되었고, 엄중한 심사와 수정을 거쳐서 상하이

오성홍기의 도안

출신의 쩡롄쑹(曾联松)이라는 사람이 낸 도안이 최종 채택되었는데, 그것이 바로 지금의 중국 국기인 오성홍기(五星红旗)이다.

오성홍기는 붉은 바탕에 노란빛의 다섯 별이 빛나는 형상인데, 여기서 붉은 바탕은 '혁명(革命)'을, 노란 별은 대지를 비추는 '광명(光明)'을 상징한다. 또한 다섯 개의 별 중에서 큰 별은 '중국 공산당'을, 그 주위를 둘러싼 네 개의 작은 별은 각각 '중국 인민'을 이루는 4개의 사회 계급, 즉 노동자·농민·소자산가·민족 자본가를 대표한다고 한다. 따라서 이 다섯 개의 별은 중국 공산당의 지도하에 단결하는 인민을 나타낸다고 할 수 있다.

베이징의 천안문광장(天安门广场)에서는 매일 일출 시간에 맞추어 국기 게양식이 열리는데, 경축일이나 새해 첫날같이 특별한 날이면 마치 우리나라 사람들이 보신각 타종을 보러 가듯 수많은 시민들이 이 의식을 보러 모이곤 한다. 특히 중국의 건국기념일인 10

국기 게양식

월 1일 국경절(国庆节)에는 국기 게양식도 성대하게 치러지기 때문에, 전국에서 몰려든 수만 명의 인파가 광장을 가득 메우고 밤을 새워 기다리기까지 한다. 이른 새벽 울려 퍼지는 웅장한 국가 연주에 맞추어 붉은 깃발이 펄럭이는 모습은 중국인들에게 가슴 벅찬 애국심을 느끼게 하는 풍경으로, 이때는 곳곳에서 환호하며 감격의 눈물을 글썽이는 중국인들의 모습을 볼 수 있다.

1 A: 多谢你借给我电脑！ B: 不用谢。
不客气。
没什么。
没事儿。

2 A: 太感谢你了！ B: 不用客气。
非常感谢！
感谢您和您夫人对我的盛情款待！
我真不知道怎么感谢您才好。

3 A: 让你费心了！ B: 没关系。
叫您受累了！
给您添麻烦了！

让你费心了。

당신에게 걱정을 끼쳤습니다.

학습 목표

1. 다양한 감사의 표현을 익혀 봅니다.
2. '…에게 …시키다' 라는 사역을 나타내는 '让'과 '…에게 …되다' 라는 피동을 나타내는 '被' 용법
   에 대해 알아봅니다.

---

4 多亏　你一路照料，　要不　我真不知道怎么回来呢。
　　　　你提醒我，　　　　　我还真忘了呢。
　　　　他告诉我，　　　　　就错过机会了。

5　朋友间提这些　干吗？
　　　你问这件事
　　　你这么着急

감기로 앓아 누운 美珍을 간호해 주는 小李. 美珍은 그런 小李가 너무 고마운데……

小李: 美珍，你现在好点儿了吗？

美珍: 让你费心了，我好多了，谢谢。你的粥真好吃！

小李: 还想吃点儿什么吗？

美珍: 不，够了。我真不知道怎么感谢你才好！陪了我一晚上，叫你受累了。

小李: 快别说了。朋友间提这些干吗？

美珍: 可我实在过意不去，平时也一直得到你的照顾。那次去黄山，我伤了腿，多亏你一路照料。要不，真不知道怎么回来呢。

小李: 都是些小事，别放在心上。
快躺下，再好好儿睡一觉吧。

美珍: 你也该休息一下了。

단어 费心 fèi//xīn 图 마음(신경)을 쓰다, 걱정하다 ｜ 粥 zhōu 图 죽 ｜ 受累 shòu//lèi 图 수고를 하다 ｜ 干吗 gànmá 무엇 때문에 ｜ 实在 shízài 图 정말로 ｜ 过意不去 guò yì bú qù 미안해하다 ｜ 多亏 duōkuī 图 덕분에, 다행히 ｜ 照料 zhàoliào 图 돌보다, 보살피다, 뒷바라지하다 ｜ 要不 yàobù 图 그렇지 않으면

고유명사 黄山 Huángshān 〈지명〉 황산

01 让 / 叫 – 사역 동사

'让'과 '叫'는 '~하게 하다', '~하도록 시키다' 라는 사역의 의미로,
대상으로 하여금 어떤 동작이나 작용을 하게 하는 의미를 나타냅니다.
'让'과 '叫' 뒤에는 동작을 하는 주체를 표시하는 것이 보통입니다.
동작을 하는 주체가 특정적이지 않을 경우에는 보통 '人' 또는 '人家' 등을 씁니다.

(1) 这件事叫我很感动。

(2) 让你久等了。

(3) 让我过去。

02 干吗

여기에서 '干吗'는 '为什么(어째서, 왜)' 라는 뜻으로, 대체로 반어문[反问句]의 의미를 나타냅니다.

(1) A : 这个消息要不要告诉他?

　　 B : 告诉他干吗?　(= 不用告诉他。)

(2) A : 谢谢你。

　　 B : 谢我干吗，你应该谢他。(= 不用谢我。)

03 多亏

다른 사람의 도움 또는 다른 유리한 요인 덕에 안 좋은 일이 일어나는 것을 피했다는 의미를
나타냅니다.

(1) 这次多亏了你，我们才完成了任务。

(2) 多亏带了地图，要不我们就迷路了。

小李에게 컴퓨터를 빌린 美珍이 컴퓨터를 돌려주러 小李에게 가는데……

美珍: 小李，多谢你借给我电脑，我那篇文章终于写出来了。

小李: 不用谢。电脑搁桌上就行了。

美珍: 这几天让我借去用了，你不方便了吧？

小李: 没关系。以后要用的话，来拿就是了。

美珍: 那太不好意思了。不过，需要修改的话，大概还要来借一次。

小李: 别客气，尽管拿去用。

美珍: 那太感谢你了。这是我在杭州买的茶叶，一点儿小意思，请你收下。

小李: 多谢！你知道我爱喝茶，那就不客气啦！

단어 电脑 diànnǎo 몡 컴퓨터 ㅣ 终于 zhōngyú 뷔 마침내 ㅣ 搁 gē 동 놓다, 두다 ㅣ 尽管 jǐnguǎn 뷔 얼마든지, 마음대로

고유명사 杭州 Hángzhōu 〈지명〉 항저우

 01　让 - 피동 개사

개사 '被'와 같은 의미로, '~을 당하다', '~에게 ~되다' 라는 피동의 의미를 나타냅니다.
동사 앞에 '给'를 붙여서 당하는 일을 더 부각하기도 합니다.
한편 '被' 뒤의 동작 주체는 생략될 수 있으나 '让' 뒤의 동작 주체는 생략될 수 없습니다.
예를 들면, '行李被淋了'는 되지만 '行李让淋了'는 안 됩니다.

(1) 花瓶让孩子打破了。

(2) 我的自行车叫他借走了。

(3) 让人笑话。

 02　尽管 - 부사

'尽管'은 접속사이자 부사입니다. 부사로 쓰일 경우 '얼마든지', '마음 놓고'의 뜻으로, 아무런 조건이
나 제한에 구속을 받지 않고 어떤 일을 안심하고 해도 좋다는 의미를 나타냅니다.

(1) 你有什么困难尽管对我说吧。

(2) 时间还早，大家尽管慢慢谈。

(3) 您尽管说吧。只要我小得到，一定帮忙。

(4) 有意见尽管提，不要客气。

▶▶▶ 대화를 듣고 알맞은 답을 고르세요.

1. A. 没干什么　　B. 帮助了女的　　C. 告诉女的应该怎么办

2. A. 刚才很好　　B. 现在很好　　C. 刚才病了

3. A. 应该着急　　B. 不用着急　　C. 着急没用

4. A. 等了很长时间　　B. 才等了一会儿　　C. 不想再等下去了

5. A. 在宿舍　　B. 在饭店　　C. 在朋友家里

6. A. 

B. 

C. 

7. A. 在他房间里　　B. 在美国　　C. 在别人那儿

8. A. 可以用　　B. 不能用　　C. 不能随便用

9. A. 照料朋友的孩子　　B. 出去办事　　C. 去北京

10. A. 不喜欢用电脑了　　B. 有的时候用电脑　　C. 一直在用电脑

美珍来中国以后，小李对她非常关心。有一次，美珍的身体不舒服，小李就陪她去医院看病。平时，小李常常给她修改文章，辅导她学汉语，还把自己的电脑借给她用。昨天晚上，美珍在小李家吃晚饭。他妈妈的手艺非常好，她做了许多菜，让美珍大饱口福。小李一家对美珍这么热情，叫她非常感动。

▶▶▶ 단문을 보고 내용에 맞게 밑줄을 채우세요.

① 小李＿＿＿＿美珍去＿＿＿＿看病。

② 小李常常帮她＿＿＿＿文章，辅导她学习＿＿＿＿。

③ 小李把自己的＿＿＿＿借给她。

④ 昨天晚上，小李一家盛情＿＿＿＿了美珍。

▶▶ 빈칸에 알맞은 단어를 골라 넣으세요.

谢谢	感谢	致谢

1 A：______！ 2 A：非常______！ 3 请向你母亲______。
   B：不用谢！   B：不用客气！

别客气	太客气	不客气

4 A：这是我做的菜，来，尝尝。
   B：好，那我就______了。

5 A：一点小意思，请收下。
   B：哎呀，你______了！

6 大家随便吃吧，______了！

▶▶ 괄호 안의 어휘를 이용해 문장을 완성하세요.

7 您这么关心我，我实在是______________。（过意）

8 昨天晚上你们准备了那么多好吃的菜，
   我真是______________啊！（口福）

9 这几天你的电脑让我借去用了，
   你自己______________了吧？（方便）

10 老是来向您请教问题，真______________！（意思）

11 谢谢，给您______________了！（麻烦）

▶▶ 다음을 중국어로 써 보세요.

1 이 일은 나를 매우 감동시켰다. (叫)

2 이번에 네 덕분에 우리가 겨우 임무를 완수할 수 있었어. (多亏)

3 친구 사이에 그런 말은 왜 하니? (干吗)

4 아이가 화병을 깼다. (让 / 打破)

5 무슨 어려운 일 있으면 마음 놓고 나에게 이야기해. (尽管)

6 지나가게 해 주세요. (让)

7 너한테 걱정을 끼치는구나. (让 / 费心)

画龙点睛 _huà lóng diǎn jīng

용을 그리고 마지막으로 눈동자를 찍는다는 뜻으로,
문장이나 그림에서 한두 마디의 말이나 붓질로
전체를 생동감 있고 두드러지게 하는 것,
또는 일의 가장 중요한 부분을 완성시켜
유종의 미를 거두는 것을 가리킨다.

남북조 시대의 양(梁)나라에는 장승요(张僧繇)라는 유명한 화가가 있었다. 어느 날, 장승요는 금릉(金陵)에 있는 안락사(安乐寺)라는 절의 주지에게 부탁을 받고, 절의 벽면에 용 4마리를 그렸다. 그의 그림은 몸통부터 섬세한 비늘 하나하나까지 생동감이 넘쳐서 보는 사람마다 감탄했지만, 이상하게도 하나같이 눈동자가 그려져 있지 않았다. 사람들이 그 까닭을 묻자 장승요는 이렇게 대답했다. "만일 눈동자를 그리면 용이 하늘로 날아가 버리기 때문이오." 사람들은 그가 허풍을 친다고 여기며 눈동자를 그리라고 요구했다. 이에 그는 하는 수 없이 붓을 들어서 두 마리의 용에 눈동자를 그려 넣었다. 잠시 후 갑자기 천둥과 번개가 치더니, 눈동자가 생긴 용 두 마리가 정말로 벽을 부수고 뛰쳐나와 구름을 타고 하늘로 날아가 버렸다. 깜짝 놀란 사람들이 벽을 살펴보니 눈동자가 없는 용 두 마리만 벽에 그대로 남아 있었다고 한다.

예문

一个好题目可以对文章起到画龙点睛的作用。

좋은 제목은 글 전체를 생동감 있고 두드러지게 하는 역할을 할 수 있다.

13억의 인구

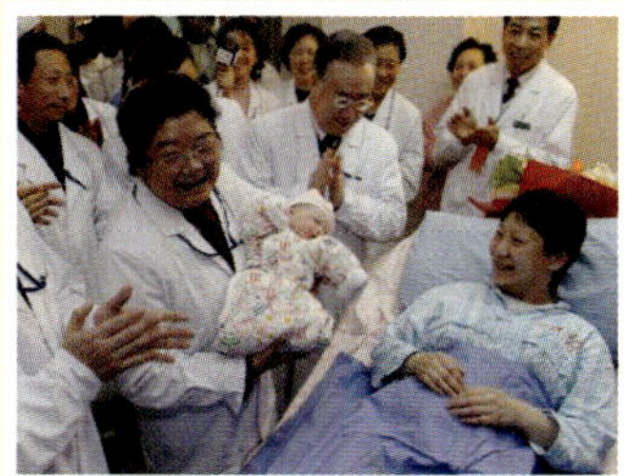

13억째 중국인의 탄생

중국에 대해 떠오르는 점을 말하라면, 아마 많은 사람들이 '세계에서 제일 인구가 많다'는 점을 꼽을 것이다. 중국은 2005년 1월에 13억 번째의 아기 탄생을 대대적으로 보도했다. 그 숫자만으로도 이미 남북한 인구를 합한 7천만 명의 18배나 되지만, 출생 신고조차 되지 않은 비공식 인구까지 합하면 그보다 훨씬 많다고 한다.

옛부터 땅 넓고 사람 많은 나라였던 중국은 50~60년대 "사람이 많으면 생산력도 높아진다[人多干劲大]"라는 마오쩌둥의 출산 장려 정책에 힘입어 인구가 폭발적으로 증가했다. 결국 식량이나 일자리, 교육 등의 여건이 인구 증가를 감당하지 못하는 지경이 되자, 1978년 대도시를 중심으로 '계획생육(计划生育)' 이라는 이름의 강력한 산아제한 정책을 실시하게 되었다.

폭발하는 중국 인구

이에 따르면 도시에서는 한 부부가 한 자녀만 가질 수 있으며, 농촌에서는 첫째가 딸일 경우에만 둘째를 가질 수 있다. 이를 위반하면 임금의 20~30배에 달하는 벌금을 물거나 직장에서 쫓겨나기도 한다. 일부 지역에서는 심지어 단체로 불임 수술을 강요하는 비인권적인 사례도 있었다.

도시에서는 감시망을 피하여 아이를 낳기도 어렵고, 육아와 교육에 드는 비용이 만만치 않기 때문에 '계획생육' 이 상당한 실효를 거두었다. 하지만 농촌에서는 자녀가 많은 것을 선호하는 전통적인 사고방식에다가 뿌리 깊은 남아선호 사상까지 더해져서, 몰래 아이를 낳아 키우는 경우가 아직도 많다. 이렇게 몰래 낳아 출생 신고도 못한 아이들은 학교에도 갈 수 없고 복지 혜택도 받을 수 없기 때문에 또 하나의 사회 문제가 되고 있다.

1 A: 我想请你吃顿饭。　　　　　　　B: 谢谢。
我想请你一起去看京剧。
请您光临我们的庆祝酒会。

2 平时我们俩忙　于　学习。
出　　　　不得已。
他生　　　　1990年。

3 A: 我们在杂技场一号门见面。　　　B: 好的。
我在饭馆门口等你。
到时候我在大厅等您。

我想请你吃顿饭。

당신에게 식사를 대접하고 싶습니다.

학습 목표

1. 약속을 잡을 때 사용하는 표현을 익혀 봅니다.
2. 장소·시간·방향·대상·원인·이유·근거를 나타내는 '于'의 쓰임에 대해 알아봅니다.

4 星期五晚上五点半， 我 在"蓝屋"等你。
去接您。
去叫你。

5 好， 一言为定。
不见不散。
就这样说定了。

杰伦를 짝사랑하는 美珍이 杰伦에게 식사 대접을 하고 싶다며 약속을 정하는데……

美珍 : 杰伦，你这个星期哪天有空儿？我想请你吃顿饭。

杰伦 : 不用这么客气。

美珍 : 你一直很照顾我。平时我们俩都忙于学习，抽不出空来好好聊聊。我很想和你一起吃顿饭，增进了解。

杰伦 : 我也很希望和你多来往，但吃饭就免了吧。

美珍 : 只是吃顿便饭。听说新开的那家"蓝屋"餐厅的厨师手艺不错，是数得上的广东名师。我们去那里尝尝怎么样？星期五晚上方便吗？

杰伦 : 好的。那就星期五晚上吧。

美珍 : 好，一言为定。星期五晚上五点半，我在"蓝屋"等你。

단어 于 yú 〔개〕 ~에, ~에서 │ 抽空 chōu∥kòng 〔동〕 시간을 내다 │ 聊 liáo 〔동〕 이야기를 나누다 │ 免 miǎn 〔동〕 면하다, 벗어나다 │ 厨师 chúshī 〔명〕 요리사, 주방장 │ 数得上 shǔ de shàng 손꼽히다, 유명하다 │ 一言为定 yì yán wéi dìng 말 한마디로 정하다

고유명사 周杰伦 Zhōu Jiélún 〈인명〉 저우제룬 ①

01 于

'于…' 는 동사나 형용사 뒤에 쓰이며, 주로 '在…(~에서)' 와 '从…(~로부터)' 과 같이
장소와 시간을 나타냅니다. 그 외에도 방향·대상·원인·비교 등을 나타내기도 합니다.

(1) 他生于一九八八年。
(2) 他二零零二年毕业于北京大学。
(3) 满足于现状。

02 数得上

'数得上' 은 '数得着' 라고도 쓰이며, 비교적 뛰어나거나 기준에 부합한다는 의미를 나타냅니다.
부정형은 '数不上(数不着)' 입니다.

(1) 他的汉语在我们班是数得上的。
(2) 东方明珠是亚洲最高的电视塔，在世界上也是数得上的。

03 尝尝

'尝尝' 은 동사의 중첩 형식입니다. 건의나 제안을 할 때 동사의 중첩 형식을 사용하면 어기를 완곡하
게 나타낼 수 있습니다. 즉, '尝' 이라고 하면 '먹어라' 라는 딱딱한 명령처럼 들리지만, '尝尝' 이라고
하면 '좀 먹어봐' 라는 부드러운 제안으로 들립니다. 그 밖에 중첩으로 쓰이는 동사를 알아봅니다.

(1) 你尝尝这个菜。
(2) 你什么时候有空？我想跟你谈谈。
(3) 这个字是什么意思，你能不能给我解释解释？
(4) 请等一等，让我想想。

중국인 친구 小李와 서커스 보러 가기로 약속하는 美珍.

美珍:　小李吗？ 我是美珍。你星期六晚上有空吗？ 我想请你一起去看杂技。

小李:　是哪个杂技团？

美珍:　河南杂技团。他们这次出国演出，路过北京。

小李:　太好了！我早就听说，河南杂技团在全国是数得上的。

美珍:　星期六晚上七点，我们在杂技场一号门见吧。

小李:　那么，我们干脆提前一个半小时，在杂技场对面的西餐馆二楼见面。我请你吃西餐。五点半你到得了吗？

美珍:　你不用客气……

小李:　好，就这样说定了。五点半，在西餐馆二楼。不见不散。

단어 杂技 zájì 명 서커스, 곡예 ｜ 干脆 gāncuì 부 아예, 차라리 ｜ 提前 tíqián 동 (예정된 시간을) 앞당기다 ｜
不见不散 bú jiàn bú sàn (만날 약속을 할 때 쓰는 말) 만나지 않으면 헤어지지 않겠다, 만날 때까지 기다리겠다

01　干脆

형용사로 쓰일 때는, '단순 명쾌하다' 라는 의미를 나타내고,
부사로 쓰일 때는 '아예', '차라리', '전혀', '근본적으로' 등의 뜻으로,
결단을 내려 단호하게 행동한다는 의미를 나타냅니다.

* 형용사로 쓰인 경우

(1) 他说话很干脆。

(2) 你有什么意见就干脆说吧。

* 부사로 쓰인 경우

(3) 找了很多地方都没找到，干脆不找了。

(4) 你看，干脆马上给他打个电话，叫他别来了。

02　…得了 / …不了

'…得了/…不了(liǎo)' 는 가능보어로서, '能/不能(~할 수 있다/없다)' 과 같은 의미를 나타냅니다.

(1) 今天他身体不舒服，上不了课了。

(2) 这么多的菜，我们吃不了。

(3) 下这么大的雨，他还来得了吗？

1   A. 没付钱   B. 六十块   C. 两百块

2   A. 八点   B. 七点   C. 六点

3   A. 展览馆门口   B. 西餐馆门口   C. 西餐馆对面

4   A. 不太好
B. 在系里是有名的
C. 全系只有他会说美国英语

5   A. 三个小时   B. 三个多小时   C. 不到三个小时

6   A. 星期五晚上六点半
B. 星期六晚上六点半
C. 星期六晚上五点半

7   A.    B. 

   C. 

8   A. 不去看女的   B. 去看女的   C. 叫女的去买书

9   A. 工作太忙   B. 不喜欢玩   C. 经济有困难

10   A. 公司   B. 学校   C. 家里

美珍昨天上午打电话给小李，邀请他今天晚上一起去看杂技。杂技表演晚上八点开始，他们约好提前一个半小时在杂技场对面的西餐馆见面。可是，今天下午，小李突然打电话给美珍，说家里有事儿，实在抽不出时间，杂技看不了了。

▶▶▶ 단문을 읽고, 해당하는 문제가 맞는 문장이면 ○, 틀린 문장이면 ×를 하세요.

1 今天晚上，美珍和小李一起去看了一场杂技表演。（　　）

2 他们约好在杂技场对面的西餐馆见面。（　　）

3 小李在西餐馆等了一个小时，可是美珍没来。（　　）

4 小李家里有事儿，不能赴约了。（　　）

▶▶▶ 빈칸에 알맞은 단어를 골라 넣으세요. (중첩 형식으로 쓸 수도 있음)

吃	尝	聊	光临	看	坐

1 欢迎你有空的时候去我家______。

2 好久没见了，咱们去喝杯咖啡，好好儿______。

3 听说那家韩国餐馆很不错，去______怎么样？

4 我想请你去______魔术表演。

5 我请你______西餐吧。

6 我们明天晚上在花园饭店举行庆祝酒会，请您一定______。

▶▶▶ 괄호 안의 어휘를 이용해 문장을 완성하세요.

7 A: 我想请你吃顿便饭。

B: 你太客气了。以后咱们多来往，但是______________吧。

（免了）

8 A: 咱们去吃西餐吧，______________。（请客）

B: 不不，这一次我请你。

9 A: 我什么时候去接您？

B: ______________。（不必，自己）

▶▶ **다음을 중국어로 써 보세요.**

① 그는 2002년에 베이징 대학을 졸업했다. (于)

____

② 그는 아주 명쾌하게 말한다. (干脆)

____

③ 그는 오늘 몸이 안 좋아서 수업을 들을 수 없다. (…不了)

____

④ 그의 일어 실력은 우리 반에서 손꼽힌다. (数得上)

____

⑤ 좀 기다려 줘. 생각 좀 해 볼게. (想)

____

⑥ 많은 곳에서 찾아 봤지만 찾지 못했다. 아예 안 찾겠다. (干脆)

____

⑦ 허난 서커스단은 전국에서도 유명하다. (数得上)

____

目不识丁 _mù bù shí dīng

아주 간단한 '丁'자조차도 알아보지 못한다는 뜻으로,
배운 것이 없는 사람, 일자무식임을 나타내는 말이다.
'낫 놓고 기역자도 모른다' 라는 우리 속담과 일맥상통한다.

당나라 때의 장홍정(张弘靖)이 유주(幽州) 절도사로 있을 때의 일이다. 그의
수하에는 위옹(韦雍)과 장종후(张宗厚)라는 두 명의 부장이 있었는데, 성격이
포악하고 위세 부리기를 좋아하여 병사들과 백성들의 원성을 샀다. 이 두 사
람은 걸핏하면 한밤중까지 술을 마시며 놀았는데, 술에 취하면 병사들에게 집
까지 부축하라고 시키곤 했다. 또한 두 사람의 기분이 나쁠 때는 병사들을 마
구 때리거나 욕을 퍼붓기도 했다. 한번은 그들이 또 병사들을 욕하며 말했다.
"지금은 천하가 태평하니 너희가 아무리 활시위를 당긴들 무슨 쓸모가 있겠느
냐? 차라리 가서 글자 하나라도 아는[识一个字] 편이 낫겠다." 이것은 병사들
이 배운 것이 없고 그저 힘만 쓸 줄 알아서 전쟁에 나가 싸우는 것 외에는 쓸모
가 없으니, 전쟁이 없는 평소에는 밥이나 축내는 존재일 뿐이라고 모욕하는
말이었다. 이 말을 들은 병사들은 위옹과 장종후에 대해서 더욱 큰 원한을 품
게 되었고, 훗날 반란을 일으켜 두 사람을 죽이게 되었다. 나중에 이 이야기를
기록하는 과정에서 '识一个字'를 '识一丁字'로 잘못 썼고, 다시 이 말에서
'目不识丁' 이라는 말이 생겨났다고 한다.

예문

尽管文盲率大幅下降, 但是很多妇女仍然目不识丁。

비록 문맹률이 크게 떨어졌지만, 많은 여성들이 아직 일자무식이다.

생활 속의 차(茶) 문화

중국에서 차의 역사는 이미 4천 년이나 되었고, 음료로서 본격적으로 대중화된 것은 당(唐)나라 때부터라고 한다. 한때 차는 도자기, 비단과 함께 중국의 3대 수출품이었고, 지금도 중국을 대표하는 상품이자 문화이다.

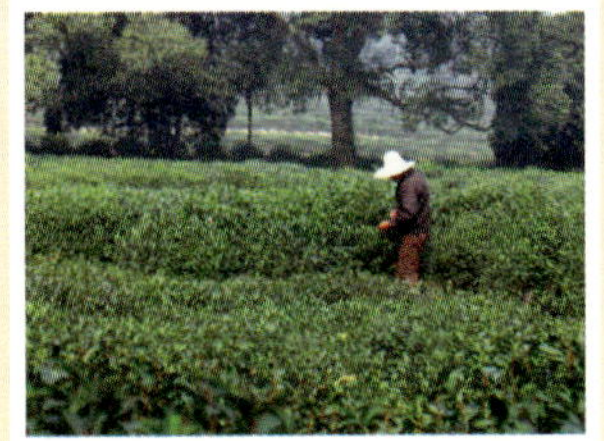
차밭

일본의 다도가 매우 엄격하고 고급스러운 이미지인 것과는 달리 중국의 차 문화는 훨씬 대중적이고 일상적이다. 물론 아주 값비싼 고급 차도 많고, '공부차(工夫茶)' 라고 하여 격식을 갖추는 경우도 있지만, 대부분의 중국인들은 보리차 마시듯 편하게 차를 마신다. 그래서 중국의 차는 고급스러운 기호품이라기보다는 생필품에 가깝다.

중국의 식당에 가면 보통은 공짜로 차가 제공된다. 또한 공공 기관이나 기차 안처럼 사람들이 모이는 곳에는 뜨거운 물이 나오는 식수대가 있기 때문에, 사람들은 찻잎을 갖고 다니다가 언제 어디서나 차를 마실 수 있다. 아예 플라스틱 물병이나 보온병에 찻물을 담아서 들고 다니는 사람들도 흔하게 볼 수 있다. 버스나 택시 기사의 좌석 옆에는 어김없이 물병이 놓여 있고, 학교 선생님도 강의실에 들어올 땐 자판기 커피 대신 물병을 들고 들어온다.

국화차

중국 사람들이 차를 마시는 이유는 중국의 수질이 좋지 않아서이기도 하지만, 기름기가 많고 자극적인 중국 음식에는 차가 잘 어울리기 때문이다. 수시로 차를 마시기 때문인지 중국 사람들은 느끼한 음식을 먹으면서도 별로 살이 찌지 않는 듯하다. 또한 차는 정신을 맑게 하고 건강에도 좋기 때문에 중국인들은 차를 마시면 장수한다고 믿는다. 이제 우리도 차의 그윽한 맛과 향기를 편안하게 즐겨 보자.

1 A: 看来，你 [没去过西安 / 一定去过那儿 / 现在不忙] 吧？　B: [是的，不过很想去。 / 不，还没去过。 / 不，我正忙着呢。]

2 这不是 [美珍 / 件好事 / 骗人] 吗？

3 A: 顺便问一下，[您有手机吗？ / 这儿可以照相吗？ / 照片什么时候能洗出来？]　B: [有。 / 行，照吧。 / 您过两天来取吧]

PART 04

这不是美珍吗?

미진이 아니니?

학습 목표

1. 여행에 관한 여러 가지 표현을 익혀 봅니다.
2. 반어문이란 강조를 나타내는 방식의 하나입니다. '不是~吗' 형태의 반어문에 대해 알아봅니다.

4 A: 这　　　　是　在哪儿拍　　　的?　B: 我自己也忘了。
　　 你　　　　　什么时候回来　　　　 两三天以前。
　　 这件衣服　　　花多少钱买　　　　 不太清楚,是我
　　　　　　　　　　　　　　　　　　　 姐姐给我买的。

5 A: 听说,　你去西安了。　　　　　　B: 对,昨天刚回来。
　　　　　　你拍了不少照片。　　　　　　 是啊,拍了很多照片。
　　　　　　他最近比较有空儿。　　　　　 哪儿呀,他每天
　　　　　　　　　　　　　　　　　　　　 在图书馆查资料。

막 시안에서 돌아온 美珍, 杰伦에게 디카로 찍은 사진을 보여 주는데……

杰伦: 这不是美珍吗？听说你去西安了，什么时候回来的？

美珍: 上星期天回来的。我去西安收集了一些资料。

杰伦: 收获不小吧？

美珍: 可以这么说吧。不仅收集到了很多资料，还游览了不少地方，拍了很多照片。瞧一瞧。

杰伦: 每张都拍得很好！这是在哪儿拍的？

美珍: 这是在小雁塔拍的。那是在大雁塔拍的。看来，你没去过西安吧？

杰伦: 是的，不过很想去。你在兵马俑博物馆拍了没有？

美珍: 里边儿不让拍，在外边儿拍了好几张。瞧，这不是？

杰伦: 气势真雄伟！

美珍: 那当然。

단어 收集 shōují **동** 모으다, 수집하다 | 资料 zīliào **명** 자료 | 收获 shōuhuò **명** 수확, 성과, 소득

고유명사 西安 Xī'ān 〈지명〉 시안 | 大雁塔 Dàyàn Tǎ 다옌타(대안탑) | 小雁塔 Xiǎoyàn Tǎ 샤오옌타(소안탑) | 兵马俑博物馆 Bīngmǎyǒng Bówùguǎn 병마용 박물관

01 不是…吗？

'不是~吗?'는 반어문에서 많이 쓰이는 형식 중 하나입니다.
반어문은 의문문의 형태를 취하지만, 실제로는 의문문이 아니라 강조를 나타내는 방식입니다.
긍정형의 반어문은 부정의 의미를 나타내고, 부정형의 반어문은 긍정의 의미를 나타냅니다.

(1) A : 我的包呢？

　　B : 瞧，这不是(吗)？（这就是。）

(2) A : 我去买个练习本，我的练习本用完了。

　　B : 买练习本？那边桌子上不是有个练习本吗？

　　　（那边桌子上有个练习本，所以不用买。）

(3) A : 那儿太安静了，我要换一个地方。

　　B : 你不是喜欢安静吗？（你喜欢安静，所以不用换。）

02 看来

'看来'는 '보기에', '보니까', '보아하니' 등의 뜻으로 상황에 대한 주즉·짐작의 의미를 나타냅니다.

(1) 已经这么晚了，看来他不会来了。

(2) 这几天看来是不会下雨的。

(3) 这活儿看来今天可以做完。

상황회화 ②

여행사에서 도쿄행 비행기표를 예약하는 美珍. 여행사 직원과 대화를 나눈다.

美珍: 请问，这儿能预订机票吗？

职员: 可以。

美珍: 我要下个月5号到东京的。最好是大韩航空的，航班时间比较合适。

职员: 好，我看一下。9月5号大韩航空只有头等舱。

美珍: 头等舱比较贵。那东航呢？

职员: 东航经济舱还有座。

美珍: 那好吧，就改东航，一张经济舱。

职员: 请把护照给我，让我记一下您的名字和国籍。顺便问一下，您有手机吗？那就告诉我手机号码。有事好和您联系。

美珍: 这是我的护照。我的手机号码是13311317935。

职员: 谢谢。请收好您的护照。

[단어] 预订 yùdìng **[동]** 예약하다 | 头等舱 tóuděngcāng **[명]** (배, 비행기의) 퍼스트클래스, 일등석 | 经济舱 jīngjìcāng **[명]** 이코노미클래스 | 护照 hùzhào **[명]** 여권 | 国籍 guójí **[명]** 국적 | 顺便 shùnbiàn **[부]** ~하는 김에 | 手机 shǒujī **[명]** 핸드폰

[고유명사] 东京 Dōngjīng 〈지명〉 도쿄 | 东航 Dōngháng 동방항공

01 顺便

'~하는 김에'라는 의미로 어떤 일을 하는 김에 다른 일을 한다는 의미를 나타냅니다.

(1) 你去邮局的时候能不能顺便替我寄一封信?
(2) 我回家经过这儿，顺便来看看你们。
(3) 我可以顺便带来。
(4) 我是顺便来拜访的。

02 好

'好'는 '~할 수 있도록(있게끔)'의 의미로 '可以', '以便'과 같은 뜻입니다.
복문 뒷부분에 쓰여 앞부분에서 서술한 동작의 목적을 나타냅니다.

(1) 别忘了带伞，下雨好用。
(2) 告诉我他的地址，我好找他去。
(3) 请你闪开点，我好过去。

단어 闪开 shǎnkāi 동 비키다, 피하다

▶▶▶ 대화를 듣고 알맞은 답을 고르세요.

1　A. 去过　　　　B. 没去过　　　　C. 下星期去

2　A. 今天　　　　B. 明天　　　　C. 后天

3　A. 星期一　　　B. 星期四　　　C. 星期五

4　A. 火车票　　　B. 飞机票　　　C. 轮船票

5　A. 经济问题　　B. 船舱　　　　C. 飞机票

6　A. 　　B. 　　C. 

7　A. 去取钱　　　B. 去取包裹　　C. 去取信

8　A. 文章　　　　B. 小雁塔　　　C. 照片

9　A. 图书馆　　　B. 食堂　　　　C. 教室

10　A. 打电话　　　B. 打手机　　　C. 问电话号码

美珍上个星期去了一趟上海，她是坐飞机去的。前天晚上坐火车回到北京。她去了上海博物馆、东方明珠广播电视塔等很多地方。东方明珠是亚洲最高的广播电视塔，在世界上也是数得上的。她在那儿拍了很多照片，每张都拍得很好。美珍非常喜欢旅行，她觉得要去的地方实在太多了。这不，今天上午她又去预订机票了。这一回，她打算去哪儿呢？

▶▶▶ 단문을 읽고 알맞은 답을 고르세요.

① 美珍什么时候去的上海？

A. 上个星期　　　B. 这个星期　　　C. 下个星期

② 她去上海、回北京都是坐的飞机吗？

A. 去的时候坐飞机，回来的时候坐火车

B. 去的时候坐火车，回来的时候坐飞机

C. 去和回来都坐飞机

③ 她在那儿拍的照片怎么样？

A. 每张都拍得很好　　　B. 拍得不太好　　　C. 现在还不知道

④ 最近她还打算去旅行吗？

A. 还没决定　　　B. 还要去　　　C. 不去了

▶▶ 빈칸에 알맞은 단어를 골라 넣으세요.

| 吧 | 吗 | 呢 | 有没有 |

1 老师，您明天______空？

2 我明天送我朋友回国，可以请假______？

3 我想，这儿的夏天大概很热______？

4 A：我想去中国的东北看看。

B：那儿太冷，我不想去。

A：那么，你想去哪儿______？

▶▶ 괄호 안의 어휘를 이용해 문장을 완성하세요.

5 A：东方明珠一定很高吧？

B：那当然，______________。（是…的，数得上）

6 A：______________？（请教）

B：当然可以。什么问题？

7 A：______________？（打听一下，预订）

B：对，您要订几号的？

8 A：______________？（看来，感兴趣）

B：对，我特别喜欢照相。

▶▶▶ 다음을 중국어로 써 보세요.

1 벌써 이렇게 늦었네. 보아하니 그는 오지 않을 거야. (**看来**)

___

2 비가 오면 쓸 수 있도록 우산 가져가는 것을 잊지 마라. (**好**)

___

3 제가 오는 김에 갖고 와도 됩니다. (**順便**)

___

4 이 며칠 보아하니 비가 안 오겠다. (**看来**)

___

5 자료를 많이 수집했을 뿐만 아니라 여러 곳을 구경하기도 했다. (**不仅…还**)

___

6 너는 조용한 것을 좋아하지 않니? (**不是…吗**)

___

7 제가 지나갈 수 있게 좀 비켜 주세요. (**闪开**)

___

取长补短 _qǔ cháng bǔ duǎn

다른 사람의 장점을 취하여 자신의 단점을 보충한다는 뜻이다.
또는 같은 종류의 사물 중에서 하나의 장점을 취하여
다른 것의 단점을 메우는 것을 뜻하기도 한다.

전국 시대에, 등(滕)나라는 작고 힘없는 나라였다. 등문공(滕文公)이 아직 태자였던 시절에, 한번은 각국을 방문하던 길에 맹자(孟子)를 찾아가서 가르침을 청했다. 맹자는 등문공에게 나라를 다스리는 이치에 대해서 이야기하면서, 어진 정치를 펴라고 격려했다. "공자가 가장 아끼던 제자 안연(颜渊)이 일찍이 이렇게 말했습니다. '순임금이 이러이러한 사람이면 나도 이러이러한 사람이다. 능력 있는 사람은 모두 순임금처럼 훌륭하게 나라를 다스릴 수 있다.' 라고요." 그리고 또 이렇게 말했다. "등나라는 비록 별로 큰 나라는 아니지만, 만일 길죽한 곳을 잘라내어서 짤막한 곳에 덧붙여 보충한다면[取长补短], 면적이 사방 50리쯤은 됩니다. 만약 등나라가 어진 정치를 하기만 한다면 반드시 부강한 나라가 될 수 있습니다." 그때 등문공은 아직 태자였기 때문에, 맹자의 이야기에 대해 그저 가벼운 미소를 지을 뿐 이렇다 저렇다 대답하지 않았다.

예문

你要多看别人的优点，取长补短，不断提高自己。

너는 남의 장점을 많이 살펴보고, 남의 장점을 취해서 자기의 단점을 보충하여, 끊임없이 스스로를 향상시켜야 한다.

자전거의 왕국 – 중국

자전거의 물결

영화 '첨밀밀(甜蜜蜜)'에 이런 장면이 있다. 남자 주인공이 여자 주인공에게 "나한테 차 있으니까 바래다 줄게."라고 큰소리치고는 자동차가 아니라 자전거 뒷좌석에 여자를 태운다. 물론 거짓말은 아니다. 중국에서는 '汽车(자동차)'든 '摩托车(오토바이)'든 '自行车(자전거)'든 줄이면 전부 '车(차)'가 되어 버리니까. 더구나 자가용을 가질 일이 없는 대부분의 서민에게 '车(차)'란 자전거를 의미하는 게 당연하다.

대도시 중심가를 제외하면 전철도 없고 버스 노선도 많지 않은 중국에서, 자전거는 '중국 서민의 발' 노릇을 톡톡히 해 왔다. 자전거 가격이 우리나라에 비해 훨씬 싼 데다, 지형도 평탄하고 자전거 도로나 전용 주차장 같은 시설도 잘 갖춰져 있어서 아주 편리하다. 정장 입은 신사나 미니스커트 차림의 멋쟁이 아가씨가 자전거를 타고 가는 모습이 중국에서는 전혀 어색하지 않다. 수년 전의 통계에 따르면 중국의 자전거가 도합 5억 4천만 대라고 하는데, 출퇴근 시간대에 대로를 가득 메운 자전거의 물결을 보면 이 숫자가 조금도 과장이 아님을 느낄 수 있다.

자전거 수리상

이처럼 자전거가 생활화되다 보니 중국인들의 자전거 타는 솜씨는 두 발로 걷는 것만큼 노련하고 자연스럽다. 하지만 사시사철 뜨거운 햇빛이나 매서운 겨울 바람을 맨몸으로 맞고, 황사와 매연을 마시며 출퇴근하는 것은 고충이 이만저만 아니다. 그래서 중국의 경제가 발전하면서 자전거는 점차 거리에서 사라져 가고 있다. 주요 도시에는 전철이 놓이고 부유해진 사람들은 자가용을 장만하는 추세이다. 그래도 아직까지는 자전거 없는 중국을 상상하기엔 너무 이른 듯하다.

1 祝贺

你！
你取得成功！
你得了奖！
你得了第一名！

2 我们为你

高兴。
感到骄傲。

3 你看上去显得

比较轻松。
很年轻。
有些兴奋。

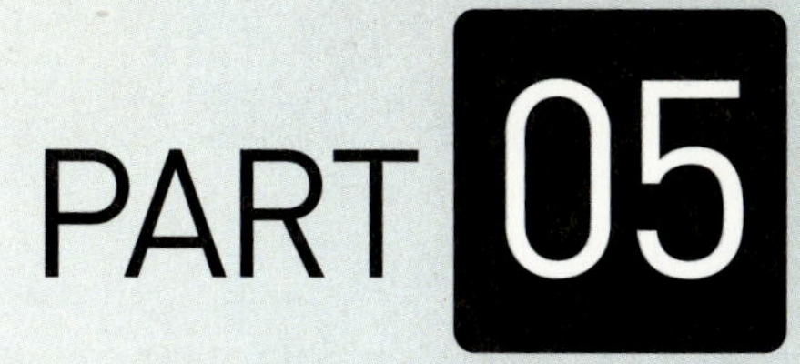

PART 05

我们为你高兴。

우리는 너 때문에 기쁘다.

4 祝你

生日快乐！
全家幸福！
学习进步！
节日愉快！
生意兴隆！
身体健康，工作顺利，万事如意！

5 为

美珍的生日
我们的友谊
大家的健康

干杯！

중국어 웅변 대회에 나간 美珍이 상을 탔다. 同学들이 축하해 주는데……

同学: 祝贺你，汉语比赛得了奖。我们为你高兴。

美珍: 谢谢！这得归功于我的老师和同学们。

小李: 主要还是你自己努力的结果。

美珍: 如果没有大家的帮助，我不会取得这么好的成绩。你们一遍又一遍地听我试讲，给我提了很好的建议。昨天比赛时，又都来给我鼓劲，使我信心百倍。

同学: 这是应该的。昨天你紧张不紧张？

美珍: 那还用说，紧张得很哪！昨天的决赛对手很强。

小李: 不过，你看上去显得比较轻松。

美珍: 我是在努力使自己轻松一些。

단어 祝贺 zhùhè 〔동〕축하하다 ｜ 奖 jiǎng 〔명〕상 ｜ 归功(于) guīgōng(yú) 〔동〕공로를 ~에게 돌리다 ｜ 提 tí 〔동〕제시하다, 제기하다 ｜ 鼓劲(儿) gǔ∥jìn(r) 〔동〕격려하다 ｜ 信心百倍 xìnxīn bǎibèi 자신감이 넘치다 ｜ 决赛 juésài 〔명〕결승전 ｜ 对手 duìshǒu 〔명〕상대, 적수

60

01 还是

여기에서 '还是' 는 '여전히', '아직도' 의 의미로
행위·동작의 지속적인 진행이나 상황의 지속을 나타냅니다.
특히 '앞에서 말한 상황에도 불구하고 변함없이 ~하다' 라는 어감을 표현합니다.

(1) 虽然他很忙，但他还是抽出时间去看了一次。
(2) 老师的帮助很重要，但主要还是靠你自己。
(3) 几年没见，你还是老样子。

02 使 – 사역 동사

'让', '叫' 와 같이 '(~에게) ~하게 하다', '~하게 시키다' 라는 사역의 의미를 나타냅니다.
'使' + 사람 + 동사(구)의 어순으로 쓰입니다.

(1) 我的话使他很不愉快。
(2) 他们的热情服务使顾客感到非常满意。
(3) 我说的这句话使他生气了。

03 看上去

'보기에', '보아하니' 의 뜻으로, 겉으로 보이는 모습으로 짐작한 것을 나타냅니다.
때로는 '보기에는 ~하지만 실제로는 그렇지 않다' 는 어감을 나타내기도 합니다.

(1) 他看上去只有十七八岁。
(2) 他看上去好像是北方人。

단어 抽出 chōuchū 동 뽑아내다, 추출하다

상황회화 ②

중국에 유학와서 처음 맞는 생일날 친구들과 함께 생일 파티를 하는 美珍.

米切尔： 美珍，生日快乐！我给你带来一件小小的生日礼物。

小李 ： 我代表大家送你一个生日蛋糕。祝你生日快乐！

喜宣 ： 今天是你的二十岁生日，这是一件小礼物，祝你永远年轻漂亮！

米切尔： 让我们举杯，为美珍的生日干杯！

合 ： 干杯！

喜宣 ： 二十岁，还是多梦的年龄。祝你梦想成真！

美珍 ： 感谢大家的祝贺。我也衷心祝愿大家身体健康，万事如意！干杯！

合 ： 干杯！

喜宣 ： 我提议，为我们大家学习进步，工作顺利干杯！

合 ： 干杯！

美珍 ： 我们一起来分享蛋糕吧！真精美！
上面还写着："寿比南山"。

喜宣 ： "寿比南山"，好像是祝贺老人
生日时用的吧？

小李 ： 哎呀，是我弄错了。该怎么办呢？

美珍 ： 没关系。我有时也要闹点笑话。
来，让我们为这个"错误"干杯！

단어 梦想成真 mèngxiǎng chéngzhēn 꿈을 이루다 | 衷心 zhōngxīn 형 충심이다, 진심이다 | 祝愿 zhùyuàn 동명 축원(하다) | 万事如意 wànshì rúyì 모든 일이 뜻대로 되다 | 提议 tíyì 동 제의하다 | 分享 fēnxiǎng 동 함께 나누다, 함께 누리다 | 精美 jīngměi 형 정교하고 아름답다 | 寿比南山 shòu bǐ Nán shān 남산이 장구한 것 같이 오래오래 살다(장수를 기원하는 말)

01 为

* 원인을 나타내는 경우

(1) 大家都为这件事高兴。

(2) 他说他为我感到骄傲。

(3) 他从来没为钱发过愁。

* 목적을 나타내는 경우

'为了', '为着' 와 같이 '～을 위하여', '～하기 위하여' 의 뜻을 나타냅니다.

(4) 他正在为参加HSK做准备。

(5) 这件小礼物是特意为你买的。

(6) 他为这些衣料花了一百多元。

02 闹笑话

부주의하거나 지식·경험이 부족해 우스운 실수를 저질렀을 때,
다른 사람 앞에서 웃음거리나 놀림거리가 되었다는 의미를 나타냅니다.

(1) 我刚来中国时, 因为听不懂汉语, 常常闹笑话。

단어 发愁 fā//chóu 동 근심하다, 걱정하다, 우려하다 | 特意 tèyì 부 특별히, 일부러

▶▶▶ 대화를 듣고 알맞은 답을 고르세요.

1 A. 　B. 　C. 

2
A. 我的进步要归功于你
B. 我没有得到你的帮助和指教
C. 我进步不大

3　A. 去很多地方游览　B. 在到处找工作　C. 忙于工作

4　A. 肯定能赢　　　B. 希望能赢　　　C. 不可能赢

5　A. 弄错了　　　　B. 开了一个玩笑　C. 听了一个笑话

6
A. 他不知道怎么走，当然带了地图
B. 他知道怎么走，不用带地图
C. 他不认识路，可是忘了带地图

7　A. 感到满意　　　B. 觉得一般　　　C. 觉得不满意

8　A. 不太有信心　　B. 有信心　　　　C. 没有信心

9　A. 考研究生没意思　B. 学历很重要　　C. 应该早一点准备

10　A. 三月以前　　　B. 三月　　　　　C. 四月以后

昨天，美珍参加了学校的汉语演讲比赛，取得了第三名。参加比赛的同学来自世界各地，有的学过一年汉语，有的已经学了三年了。美珍学了一年半。这次参加比赛之前，她练习了好多天，老师、同学给她提了很多建议。昨天，大家都去给她鼓劲加油。开始的时候，美珍有点儿紧张，可是，一看到同学、朋友都坐在下面看着她，她轻松多了。她非常感谢大家对她的热情帮助。

▶▶▶ 단문을 보고 내용에 맞게 빈칸을 채우세요.

1. 美珍在汉语演讲比赛中取得了第＿＿＿＿名。

2. 美珍学过＿＿＿＿年半汉语。

3. 参加比赛以前，她练习了＿＿＿＿天。

4. 老师、同学给她提了很多＿＿＿＿。

5. 昨天大家都去听她演讲，给她＿＿＿＿。

▶▶ 빈칸의 뜻에 알맞은 문장을 보기에서 골라 넣으세요.

你的生日   各位的健康
我们学习进步、工作顺利   你汉语比赛得了奖

1 为 <u>당신의 생일</u> 干杯！

2 为 <u>중국어 대회에서 상 받다</u> 干杯！

3 为 <u>우리 모두의 학업의 발전과 순조로운 일을 위해</u> 干杯！

4 为 <u>각각의 건강</u> 干杯！

▶▶ 괄호 안의 어휘를 이용해 문장을 완성하세요.

5 感谢大家的美好祝愿，我也＿＿＿＿＿＿＿＿！
 （衷心，祝愿）

6 听说你明天要参加考试，我＿＿＿＿＿＿＿＿！
 （预祝，取得）

7 A：昨天晚上你们表演的汉语节目非常成功，祝贺你们！
 B：＿＿＿＿＿＿＿＿＿。（应该，归功于）

8 A：祝你回国后找到一个好工作！
 B：＿＿＿＿＿＿＿＿＿。（但愿）

▶▶▶ 다음을 중국어로 써 보세요.

① 이 작은 선물은 특별히 너를 위해 산 거야. (特意 / 为)

---

② 그는 매우 바쁘지만 그래도 시간을 내서 한 번 보러 갔다. (还是 / 抽出)

---

③ 그들의 친절한 서비스에 손님들은 매우 만족했다. (热情 / 使)

---

④ 그는 보아하니 북방인 같다. (看上去)

---

⑤ 그래도 주로 네 노력의 결과이지. (还是)

---

⑥ 그렇지만 보기에는 여유있어 보이던데. (看上去)

---

⑦ 우리 모두의 학업의 발전을 위하여 건배! (为)

塞翁失马 __sài wēng shī mǎ

변방에 사는 늙은이의 말이라는 뜻으로,
인생의 길흉화복(吉凶禍福)은 무상하여 예측할 수 없음을 나타낸다.
우리말에서는 '새옹지마(塞翁之馬)'라고 한다.

옛날, 중국 북방의 국경 근처에 한 노인이 살았다. 어느 날, 노인이 기르던 말이 달아나서 오랑캐 땅으로 넘어가 버렸다. 마을 사람들은 노인을 위로했지만, 그는 조금도 낙심하지 않고 이렇게 말했다. "이것이 복이 될지도 모르지." 몇 달 후 도망갔던 말이 돌아왔는데, 뜻밖에도 좋은 오랑캐 말까지 한 필 데리고 돌아왔다. 마을 사람들이 노인을 축하하자 그는 또 이렇게 말했다. "이건 어쩌면 화가 될지도 몰라." 과연 얼마 후, 말타기를 좋아하던 노인의 아들이 새로 얻은 오랑캐 말을 타다가 떨어졌는데, 그만 다리가 부러져서 불구가 되었다. 마을 사람들이 또 노인을 찾아와 위로하자 노인은 다시 이렇게 말하는 것이었다. "이게 혹시 복으로 바뀔지 누가 알겠소." 1년 후, 전쟁이 일어나서 마을의 청년들이 모두 전쟁에 나가서 오랑캐와 싸우다가 크게 다치거나 죽었다. 하지만 노인의 아들은 불구자였기 때문에 전쟁에 나가지 않아서 무사할 수 있었다. 그 후 사람들은 인생에 있어서 길흉화복은 항상 바뀌어 미리 헤아릴 수가 없다는 뜻으로 '塞翁失马'라는 말을 쓰게 되었다.

예문

你别太伤心了, 说不定塞翁失马, 焉知非福!

너무 슬퍼하지 마. 인생사 새옹지마니까 어쩌면 이게 복이 될지도 모르잖아!

중국에서 핸드폰 걸기

중국의 핸드폰[手机]은 우리나라와 다른 점이 많다. 가장 큰 차이는 요금제인데, 이동통신사에 회원으로 가입하여 후불제로 요금을 내는 우리나라와는 달리, 중국은 대부분 SIM카드 방식의 선불제를 이용한다. 전화번호가 내장된 SIM카드를 사서 핸드폰 기계에

핸드폰과 전화카드

끼우면 전화가 개통되며, 별도로 충전카드를 사서 충전하면 그 액수만큼 통화할 수 있다. 이용자는 번거로운 가입 절차가 필요없어서 좋고. 통신사도 연체 걱정 없어서 좋은 방식이다. 하지만 남의 핸드폰도 자기의 SIM카드를 끼우면 자기 번호로 쓸 수 있기 때문에 핸드폰 절도가 많고, 이용자의 신원을 추적하기 어려워서 범죄에도 악용된다고 한다.

또 하나의 차이는 전화를 걸 때뿐만 아니라 받을 때도 요금을 내야 하는 경우가 많다는 점이다. 따라서 내가 걸었다고 했서 쓸데없이 오래 통화를 끌었다가는 상대방이 싫어할 수도 있다.

핸드폰 대리점

또한 SIM카드 종류는 시내에서시만 통화가 뇌는 것, 그 성(省)에서만 통화가 되는 것, 전국 어디서나 쓸 수 있는 것이 나뉘어져 있는데, 통화 가능 지역이 좁을수록 요금이 싸다. 전화번호는 가입자가 고를 수 있지만 번호에 따라 가격이 다르다. '8' 이 많이 들어가거나 외우기 쉬운 좋은 번호는 당연히 비싸다.

◆ 中国移动通迅 − 135~139번으로 시작된다. 어디서나 잘 터지고 통화 품질이 가장 좋은 대신 요금도 제일 비싸다.
◆ 中国联通 − 130~133번으로 시작된다. CDMA 방식이라 통화 품질이 떨어지지만 받는 전화는 무료거나 훨씬 싸다.
◆ 小灵通 − 일반 전화처럼 지역번호로 시작되며, PHS 방식으로 시티폰과 비슷하다. 요금이 저렴하고 받는 전화는 무료라서 급속히 가입자가 늘고 있다. 하지만 지하나 달리는 차 등에서는 안 되고 구식 전화기를 써야 하며 가입 지역을 벗어나면 불통이 된다.

1 A: 我 该走了。
得告辞了。

B: 急什么，再坐一会儿吧。
好，下次一定再来。

2 A: 慢走。
走好。
我送你一段吧。

B: 留步。
再见。
不用不用，请回吧。

3 祝你 一路平安。
一路顺风。
旅途愉快。

我该走了。

저 가야겠습니다.

학습 목표

1. 헤어질 때 주고받는 인사말을 익혀 봅니다.
2. '~해야 한다' 라는 의미를 가진 조동사 '得', '该', '要'의 용법에 대해 알아봅니다.

4 我 该 / 要 / 得 走了。

5 再 吃 / 这样 / 说 下去， 我要走不动了。 / 我就完了。 / 也没有意义。

小李와 杰伦이 같이 사는 아파트에 놀러 간 美珍……

美珍: 哟，都快九点了。时间不早了，我该走了。

小李: 急什么，再坐一会儿吧！来，再吃点儿西瓜。

美珍: 不了，不了。再吃下去，我要走不动了。今天打扰你们半天了，真不好意思。

小李: 哪儿的话。我们一起聊聊天，挺有意思的。以后还请你多来坐坐。

美珍: 一定来。你们忙这忙那的，真热情好客。"一回生，二回熟"，下次来，可别把我当外人了。

杰伦: 那你下次也别带东西来。今天让你破费了。

美珍: 破费什么，只是给你们的一点儿小礼物。好吧，你们请留步。

小李: 我送你到车站。

美珍: 不必客气。

请回吧。再见！

小李/杰伦: 再见！慢走！

단어　西瓜 xīguā 몡 수박 ｜ 打扰 dǎrǎo 동 방해하다 ｜ 好客 hàokè 혱 손님 접대를 좋아하다 ｜ 外人 wàirén 몡 남, 타인 ｜ 破费 pòfèi 동 돈을 쓰다 ｜ 留步 liúbù 동 나오지 마십시오(주인이 손님을 바래다주려 할 때, 손님이 이를 말리며 하는 말)

01 都

'都'는 '已经(이미)'의 의미를 나타내며, 문장 끝에 '了'를 붙입니다.

(1) 都十二点了，还不睡！
(2) 我都六十啦，该退休了。

02 再

1. '继续(계속)'의 의미로 동일한 동작의 중복이나 계속을 나타낸다는 점에서 '又'와 비슷합니다.
   하지만 '又'는 이미 발생한 상황, '再'는 아직 발생하지 않은 상황을 나타낼 때 쓰입니다.

(1) 下课以后你们再练习练习。

2. '更加(더욱)'의 의미로 주로 형용사 앞에서 쓰입니다.

(1) 再大一点！
(2) 能不能再便宜一点？

3. '더 이상~한다면'의 뜻으로 가정을 나타냅니다.
   앞에 '如果'가 있든 생략되든 의미는 같습니다.

(3)（如果）再热下去，我可受不了了。

03 …下去 – 복합 방향보어

'下去'는 동사·형용사 뒤에 쓰여 '계속'의 뜻을 나타냅니다.

(1) 请说下去。
(2) 天气还要热下去。

04 什么

여기에서 '什么'는 반어적으로 쓰여 '부정'의 뜻을 나타냅니다.

(1) A : 这几天你很忙吧？

    B : 忙什么！晚上十点钟就睡了。（忙什么 ＝ 不忙）

(2) 星期天还看什么书！出去玩吧。（看什么书 ＝ 别看书）

상황회화 ②

喜宣과 小李이 同学인 东健을 배웅하러 공항에 갔는데……

喜宣: 今天路上很顺利。

东健: 这么快就到机场了。

小李: 我来拿箱子吧。

喜宣: 那两个包给我。

东健: 两个都给你，怕拿不过来吧。我自己可以拿一个。

喜宣: 没问题，一手一个刚好。你拿好护照、机票就行了。

东健: 真感谢你们俩来送我。这儿有推车，行李都放在上面好了。你们请回吧。

小李: 我们等你起飞。

东健: 不必了，离起飞还有一个多小时呢。再说，进了海关，我们就得分手了。

喜宣: 那我们就送你到海关。欢迎你有机会再来学校看看。

小李: 见到你家人，请代我向他们问好。

东健: 好的，谢谢。我进去了，再见！

喜宣: 再见！祝你一路平安！

小李: 祝你一路顺风！

단어 顺利 shùnlì 휑 순조롭다 ┃ 刚好 gānghǎo 휑 꼭 알맞다 ┃ 推车 tuīchē 멩 카트 ┃ 起飞 qǐfēi 동 (비행기가) 이륙하다 ┃ 海关 hǎiguān 멩 세관 ┃ 机会 jīhuì 멩 기회 ┃ 一路平安 yílù píng'ān 가시는 길에 평안하시길 빕니다 ┃ 一路顺风 yílù shùnfēng 가시는 길이 순조롭길 빕니다

01 …得过来 / …不过来

동사 뒤에 쓰여, 어떤 일을 하기에 시간, 능력, 수량이 충분한지 아닌지를 나타냅니다.
'~해 낼 수 있다 / 없다' 의 뜻으로 해석합니다.

(1) 这么多的书，我怎么看得过来。
(2) 事太多，我一个人忙不过来。
(3) 工作不多，我一个人干得过来。

02 再说

'게다가', '덧붙여 말할 것은' 의 의미로, 보충 설명을 나타낼 때 쓰입니다.

(1) 我没在那儿拍照。我没带照相机，再说，我对照相也不感兴趣。
(2) 去见他，来不及了，再说他也不一定在家。

03 该 / 得 / 要

사실상 혹은 도리상의 필요를 나타내는 조동사이며, '~해야 한다' 라는 뜻을 나타냅니다.

* 要 – 주로 아직 발생하지 않은 상황에 대해 쓰입니다.
* 该 – 이미 발생했거나 아직 발생하지 않은 상황에서 모두 쓰입니다.
* 得 – '该'에 비해 어기가 더 긍정적이고 구어적입니다.

(1) 该干的都干了。
(2) 要取得好成绩，就得努力学习。
(3) 路上要小心。

1 A.  B.  C. 

2
A. 每人都能拿到很多书
B. 每人只能拿一本书
C. 只有一个人能拿到很多书

3 A. 太大　　　　B. 太小　　　　C. 正好

4
A. 男的常常忘了给朋友写信
B. 他们俩就要分手了
C. 以后他们不再联系了

5 A. 为什么去散步　B. 什么时候去散步　C. 不去散步

6 A. 这时候他没空　B. 现在还早　　C. 太晚了

7 A. 别说了　　　　B. 继续说　　　C. 别生气

8
A. 他身体怎么样
B. 他能不能过去看她
C. 他能不能做那么多的事儿

9 A. 骑车太慢　　　B. 她骑不动　　　C. 她不想去

10 A. 他不打算去做客　B. 他不会做菜　C. 他在朋友家吃饭

东健星期五就要回国了，因为公司准备派他去香港工作。他感到很高兴，又感到很留恋。感到很高兴，是因为他现在能说一口流利的汉语了，去香港工作问题不大。感到很留恋，是因为他不愿意离开他的朋友们。一年多以来，他交了不少朋友，有中国人，也有其他国家的留学生，他们在一起学习、打球、聊天儿、喝酒、互相关心、互相帮助。他永远忘不了他们，忘不了这兄弟般的友情。

▶▶ 단문을 읽고 문제에 알맞은 답을 쓰세요.

① 东健在中国多长时间了？他什么时候回国？

____

② 他为什么感到很高兴？

____

③ 他为什么感到很留恋？

____

▶▶ 빈칸에 알맞은 단어를 골라 넣으세요.

就　才　都　可　还　再

1 ______八点半了，我该走了。

2 ______八点半，还早呢，______坐会儿吧。

3 下次______别这么客气了。

4 A: 请留步！
B: 好，那我______不送了。

5 以后______请你常来坐坐。

▶▶ 괄호 안의 어휘를 이용해 문장을 완성하세요.

6 A: 再坐一会儿吧。
B: ______________。（打扰，半天，该走）

7 A: 下次来可别再带礼物了。这次让你破费了。
B: ______________。（什么，只是）

8 A: 请多保重。
B: ______________。（也）

9 A: 见到你家人，请______________。（代，问好）
B: 好的，谢谢！

▶▶▶ **다음을 중국어로 써 보세요.**

1 이미 열두 시인데 아직 안 자다니! (都)

____

2 (만약) 더 더워지면 나는 정말 견딜 수 없을 것이다. (再 / 下去)

____

3 바쁘긴! 밤 아홉 시면 잔다. (什么 / 就)

____

4 일이 많지 않아 나 혼자 할 수 있다. (过来)

____

5 벌써 열 시네. 시간이 늦어서 나는 가야겠다. (都)

____

6 더 먹으면 못 움직일 거야. (再 / 下去)

____

7 날씨가 계속 더울 것이다. (下去)

____

同甘共苦_tóng gān gòng kǔ

달콤한 것도 함께 맛보고 쓴 것도 같이 먹는다는 뜻으로,
우리말의 '동고동락(同苦同樂)'과 같은 말이다.
즉, 즐거운 일도 힘든 일도 함께 겪는 관계를 가리킨다.

전국 시대, 제(齊)나라가 군대를 일으켜 연(燕)나라를 치니, 연나라가 크게 패하였다. 전쟁 후에 연나라 태자 희평(姬平)이 왕위를 계승하니, 역사에서는 연소왕(燕昭王)이라고 불린다. 전쟁 후의 어지러운 상황에서, 연소왕은 어떻게 다스려야 부강한 나라를 만들 수 있을지 알 수 없었다. 이때, 곽외(郭隗)라는 사람이 지략이 뛰어나다는 말을 듣고, 연소왕은 그를 청하여 계책을 물었다. "어떻게 하면 뛰어난 인재들을 찾아서 나라를 부강하게 하고 복수를 할 수 있겠소?" 이에 곽외는 이렇게 대답했다. "먼저 저를 중용하십시오. 전하께서 저처럼 재주가 평범한 사람도 중용하시는 것을 온 천하의 재능 있는 사람들이 본다면, 반드시 전하께 달려와 일하고자 할 것입니다." 연소왕은 즉시 곽외를 스승으로 모시고, 그에게 화려한 집을 지어 주었다. 이 소식이 퍼지자, 낙의(乐毅)와 같은 재능 있는 사람들이 다른 나라에서 연나라로 몰려들었다. 연소왕은 몹시 기뻐서 그들에게 중임을 맡겼다. 또한 어느 집이든 결혼식이나 장례식 등의 큰일을 치를 때면 연소왕이 직접 가서 참석하곤 했다. 이렇듯 백성들과 더불어 즐거움을 나누고 고생을 함께하니[同甘共苦], 마침내 연나라는 강대국으로 발전하게 되었다.

예문

能遇见和你同甘共苦的人，多么幸福啊！

너와 동고동락할 사람을 만날 수 있다니, 얼마나 행복한 일이냐!

중국어? 한어? 보통화?

우리는 중국 사람이 사용하는 말을 뭉뚱그려서 '중국어'라고 하지만, 정작 중국에서는 '中国语'라는 말을 별로 쓰지 않는다. 중국에는 전체 인구의 94%를 차지하는 한족(汉族) 외에도 나머지 6%를 이루는 55개의 소수민족이 있고, 각 민족은 고유한 언어와 문자를 가지고 있다. 소수민족 역시 중국의 일부이므로 그들의 언어도 넓은 의미에서 보면 중국어가 된다. 즉, 한족의 말도 중국어이고 조선족의 말도 중국어라는 식이라서, 어느 한 가지 언어만 '中国语'라고 부르기는 적당하지 않은 것이다.

한어 대사전

그래서 중국에서는 주로 '한족의 말'을 뜻하는 '汉语'라는 단어를 쓴다. 한족이 인구의 절대 다수를 차지하니까 자연히 한족의 말이 중국을 대표하는 언어가 된 것이다. 우리가 흔히 생각하는 중국어란 바로 '汉语'를 가리킨다.

그럼 '普通话'는 또 뭘까? 간단히 말하면 보통화는 현대 한어의 표준어이다. 땅이 넓고 인구가 많은 중국이다 보니까 한어에도 무수히 많은 사투리가 있어서 심한 경우에는 서로 전혀 알아듣지 못할 정도이다. 예를 들어, 홍콩 영화에 사주 나오는 광동어는 발음이나 어휘 등이 북경어와 너무 달라서 거의 외국어처럼 느껴진다. 이렇게 다양한 방언은 한어를 풍부하게 해주는 원천이기도 하지만, 전국이 하나로 통합되는 것을 가로막는 장애물이기도 하다. 그래서 중국 정부에서는 '베이징 발음을 표준 발음으로 삼고, 북방 지역 방언을 기초 방언으로 삼고, 모범적인 현대 구어체 문학 작품을 문법의 규범으로 삼은 한족 공통어'를 '보통화'라고 규정하여 보급해 왔다.

이 보통화는 베이징 발음을 표준으로 하기 때문에 흔히 '북경어'라고도 하지만, 실제로는 베이징에서 많이 쓰이는 말도 표준어로 인정되지 않고 '베이징 방언'으로 분류되는 경우가 많다. 그래서 정확한 표준어인 '보통화'는 중국어 수업 시간이나 CCTV 뉴스에서만 들을 수 있다는 우스개소리를 하기도 한다.

1 比起　昆明　来，　这里的气候糟多了。
　　　　排球　　　　我更喜欢打篮球。

2 西楼的房间　比　东楼的大。
　　长江　　　　黄河还要长。
　　今天　　　　昨天冷。

3 贵　是　贵了不少，可西楼的房间比东楼的大。
　　好　　　好，就是太贵。
　　有　　　有，可是并不多。

西楼比东楼贵。

서동은 동동보다 비싸다.

학습 목표

1. 날씨에 관한 여러 가지 표현을 익혀 봅니다.
2. 정도의 차이를 비교할 때 쓰이는 '比' 용법에 대해 알아봅니다.

---

4 我看，朝南朝北没什么　两样。
　　　　　　　　　　　　　　差别。
　　　　　　　　　　　　　　不一样。

5 北京　　　　　　哪能　跟昆明比？
　　我这么笨，　　　　　考上北京大学？
　　你都这把年纪了，　　当模特儿？

美珍이 小李에게 방을 옮기려는 계획을 이야기하는데……

美珍: 下学期我想换个房间，搬到西楼去住。

小李: 可西楼比东楼贵，差不多要多付一半的房租。

美珍: 贵是贵了不少，可西楼的房间比东楼的大。再说，还有空调和冰箱呢。

小李: 我还是觉得花那么多钱没意思。

美珍: 如果和你一样，住在南边儿的房间里，我也不愿搬。

小李: 我看，除了冬天，别的季节，朝南朝北没什么两样。

美珍: 你没住过朝北的房间，你不知道，南边儿的房间比起北边儿的来，要好得多。北边儿靠马路，从早到晚，人来人往。有时夜里比白天还热闹，常常把我从梦中吵醒。

小李: 难怪，难怪。你什么时候搬，告诉我一声，我来帮忙。

美珍: 不麻烦你了。东西不多，我一个人能行。

小李: 你别客气，多个人总比少个人好。

단어　房租 fángzū 명 방세 ｜ 空调 kōngtiáo 명 에어컨 ｜ 季节 jìjié 명 계절 ｜ 靠 kào 동 기대다, 근접하다 ｜ 吵 chǎo 동 떠들어대다 ｜ 醒 xǐng 동 잠에서 깨다 ｜ 难怪 nánguài 당연하다, 나무랄 것이 없다 ｜ 总 zǒng 부 아무튼, 어쨌든

01 比 – 비교의 개사

* 'A 比 B 형용사' 의 형태로 쓰여, 'A 比 B 보다 ~하다' 라는 비교의 의미를 나타냅니다.

(1) 我比他大一岁。

* 정도의 차이가 아니라 정도가 같은지 다른지를 나타낼 때는 '跟', '同' 을 사용합니다.

(2) 这件毛衣跟那件毛衣一样好看。

* 비교문에서는 '很', '太' 등의 정도부사를 사용하지 않습니다.

(3) 他比我很大。(x)　　　　　他比我大。(o)

* '不比' 와 '没有' 모두 비교를 나타내나 의미가 다릅니다.

(4) 他不比我高。(= 他跟我差不多高。)

(5) 他没有我高。(= 他比我矮。)

02 多

'多', '少', '早', '晚', '好(容易)', '难' 등은 동사 앞에 놓여 비교의 뜻을 나타낼 수 있습니다.

(1) 我比他少学半年。

(2) 他早来三天。

(3) 汉语和日语, 哪个更难学?

03 …是…, 可…

'~하기는 하지만~' 이라는 뜻입니다. 'O是O' 는 앞절에 쓰이며, '虽然(비록~지만)' 의 의미를 갖습니다. 뒷절에서는 '可' 대신 '但是', '可是', '就是', '只是' 등을 쓸 수도 있습니다.

(1) 听是听清楚了, 可是记不住。

(2) 这皮大衣好是好, 就是价钱太贵。

美珍과 小李가 더운 여름 날씨 얘기를 하는데……

小李: 今天天气怎么样？你听过天气预报吗？

美珍: 我醒来第一件事就是听天气预报。今天晴转多云，傍晚有雷阵雨，最高温度35度。

小李: 怎么今天气温比昨天还高？

美珍: 可不是，还高一度。不过，如果下雨，晚上会凉快一些。

小李: 那太好了。

美珍: 我以前在昆明呆过，这里的气候比起昆明来，糟多了。夏天热，冬天冷，一年四季都很干操。

小李: 昆明四季如春，北京哪能跟昆明比？

美珍: 听说，五号就是三伏了。

小李: 三伏让人受不了。

美珍: 别担心，教室里和家里要比这儿凉快多了。

단어 预报 yùbào 圐 예보 │ 转 zhuǎn 圐 달라지다, 바뀌다 │ 多云 duōyún 구름이 많다 │ 雷阵雨 léizhènyǔ 천둥과 번개를 동반한 소나기 │ 呆 dāi 圐 머무르다 │ 三伏 sānfú 圐 삼복

86

01 会

'会'는 가능성을 나타내는 조동사로, '~할 것이다', '~할 가능성이 있다'의 뜻을 나타냅니다.

(1) 明天会不会下雨?

(2) 我想他一定会大吃一惊的。

(3) 你妈妈一定会喜欢的。

02 哪(儿)

'哪(儿)'은 반어문에 쓰여 부정의 의미를 나타냅니다.

(1) A : 你怎么不上我家来玩呢?

　　 B : 我哪有时间啊。

(2) A : 看，下雨了，你怎么没带雨伞?

　　 B : 刚才天气还挺好的，我哪知道会下雨呀?

▶▶▶ 대화를 듣고 알맞은 답을 고르세요.

1 A. 全班都去了　　　　　B. 有一个没去，别人都去了
C. 只去了一个，别人都没去

2 A. 他们俩的手艺差不多
B. 他的手艺当然没有老张高
C. 他的手艺比老张高

3 A. 　　B. 　　C. 

4 A. 高了一点　　B. 小了一点　　C. 大了一点

5 A. 很安静，也很满意　　B. 太吵闹，也不太满意
C. 太冷清，也不太满意

6 A. 女的买的东西太少　　B. 女的买的东西质量太糟
C. 女的买的东西太贵

7 A. 她希望回国时朋友能帮她拿行李
B. 她觉得她朋友不用送她
C. 她回国的时候没什么行李

8 A. 他不愿意说　　B. 他自己也不知道　　C. 他想一直呆下去

9 A. 都觉得合适
B. 女的觉得不合适，男的觉得合适
C. 女的觉得合适，男的觉得不合适

10 A. 晴天　　B. 早上有雨　　C. 没有今天热

美珍现在住在一号楼502号房间，这个房间是朝南的，下个学期要搬到二号楼的301去，那是个朝北的房间。有人说，朝北的房间冬天冷得多。可美珍觉得朝南朝北没什么两样，冬天房间里有暖气，还不是一样暖和？还有人说，二号楼靠马路，外面人来人往，太吵了。美珍觉得，吵是吵了点儿，可是，二号楼的房间比一号楼的大一些，还多了一个空调、一个冰箱。比较起来，美珍还是喜欢住在二号楼。

▶▶▶ 단문을 읽고 질문에 알맞은 답을 쓰세요.

① 美珍为什么要搬到二号楼去？

____

② 美珍喜欢住在朝南的房间还是朝北的房间？

____

③ 比起一号楼来，二号楼的房间有什么缺点？

____

▶▶ 빈칸에 알맞은 단어를 골라 넣으세요.

| 比　　　　　比较 |

1 你们俩＿＿＿＿起来，谁的个子高？

2 请＿＿＿＿一下这两个词的差别。

3 今天＿＿＿＿昨天更闷热。

4 昨天很闷热，今天＿＿＿＿凉快。

▶▶ 괄호 안의 어휘를 이용해 문장을 완성하세요.

5 A：你们俩汉语都不错吧？
B：他说得比我好多了，我＿＿＿＿＿＿＿＿＿啊！
（哪，跟…比）

6 我喜欢听音乐，他＿＿＿＿＿＿＿＿。（跟…一样，也）

7 我是九月一号来的，他是九月十号来的，
他＿＿＿＿＿＿＿＿。（比，九天）

8 他以前汉语不怎么样，现在＿＿＿＿＿＿＿＿。
（说，比，流利）

▶▶ 다음을 중국어로 써 보세요.

1 중국어와 일본어 중 어느 것이 더 배우기 어렵니? (**更**)

---

2 저 가죽 코트 좋긴 좋은데, 가격이 너무 비싸. (**好是好**)

---

3 겨울과 비교하면, 나는 여름이 더 좋아. (**比起…来**)

---

4 그의 부인은 그보다 많이 작다. (**比…多了**)

---

5 그는 테니스를 매우 잘 친다. 나는 그만큼 잘 치지 못한다. (**没有**)

---

6 베이징을 어떻게 쿤밍과 비교를 하니? (**哪能**)

---

7 서동의 방은 동동보다 크다. (**比**)

无可奈何 _wú kě nài hé

'어찌 할 도리가 없다', '방법이 없다'는 뜻이다.
바라지는 않지만 달리 방법이 없어서
하는 수 없이 그렇게 할 때 쓰는 말이다.

한무제(汉武帝) 때의 일이다. 당시의 지배 계층은 안으로는 가혹한 방식으로 나라를 다스렸고, 밖으로는 끊임없이 이웃 나라와 전쟁을 일으켰다. 백성들은 강제로 전쟁에 끌려가거나 무거운 세금을 내느라고 고생이 이만저만이 아니었고, 자연히 원성이 높아져서 곳곳에서 반란이 일어나게 되었다. 한무제는 급히 군대를 보내어 진압하려고 했지만 반란은 쉽사리 진압되지 않고 오히려 커져만 갔다. 황제와 대신들은 당황하여 더 많은 군대를 보내어 수만 명을 무자비하게 죽였다. 하지만 토벌에서 살아남은 사람들은 결코 단념하지 않고 다시 반란군을 조직해서 여러 고을을 점령하고는 계속 조정과 싸웠다. 황제는 몹시 괘씸하고도 두려워했지만, 결국 그들을 어찌 할 도리가 없었다[无可奈何]. 그리하여 조정에서는 '반란을 발각하지 못하거나 반란군을 잡지 못한 관리는 그 책임을 물어 사형에 처한다'는 법을 만들었다. 하지만 그 후 관리들은 오히려 처벌이 두려워서 반란이 일어나도 조정에 보고하지 않고 감추기에만 급급하니 반란 세력은 나날이 커지게 되었다.

예문

这个孩子太调皮, 有时妈妈也无可奈何。

이 아이는 너무 장난이 심해서, 때로는 엄마도 어쩔 도리가 없어.

경극(京剧)

중국은 각 지방마다 특색 있는 전통극[戏曲]이 발달했는데, 가장 가장 대표적인 것이 바로 베이징의 경극이다. 약 200년의 역사를 지닌 경극은 노래[唱]·연기[科]·대사[白]의 삼위일체를 이루는 종합 예술이자 대중적인 오락 장르이다.

경극의 레파토리는 천 가지가 넘고 자주 공연되는 것만 해도 400여 종이 있다고 하는데, 대개 사람들이 잘 아는 역사나 신화, 고대 소설에서 모티프를 따 온 경우가 많다. 〈백사전(白蛇传)〉 같은 애정물부터 〈군영회(群英会)〉 같은 전쟁물까지 다양한 장르가 있어서, 정교한 연기와 극적인 노래뿐만 아니라 춤·무술·곡예 등의 볼거리까지 제공한다. 이러한 경극의 레파토리는 현대에 와서 많은 영화나 드라마 등의 소재로도 이용되었는데, 이 중에서 첸카이거 감독의 영화 〈패왕별희(霸王別姬)〉는 경극의 매력을 세계에 알리는 계기가 되었다.

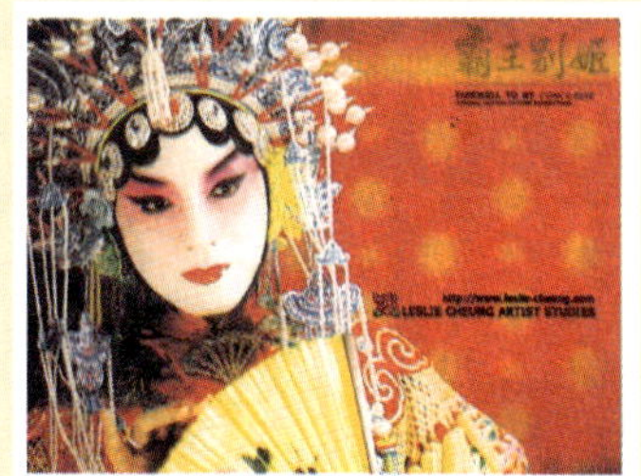

영화 패왕별희

경극에서의 배역은 남자 역의 생(生), 여자 역의 단(旦), 호걸이나 악한인 정(净), 광대인 축(丑) 등 4대 배역으로 나뉜다. 보통 한 배우가 평생 한 배역만을 연기하며, 원래는 여자 역인 단(旦)도 남자가 맡았었는데 현대에 와서는 이런 관례가 없어졌다. 경극에서 가장 눈길을 끄는 것은 역시 독특한 분장과 화려한 의상인데, 이것은 단순히 장식적인 기능만 하는 것이 아니라 인물의 성격이나 지위 등을 암시하는 중요한 요소이다. 특히 얼굴에 칠한 도안이나 색깔을 보면 선한 인물인지, 악한 인물인지, 무사인지, 선비인지, 귀신인지 등을 금세 판단할 수 있다.

지금의 중국 젊은이 중에서 경극을 즐기는 이는 드물다. 우리가 판소리를 별로 듣지 않는 것과 비슷할 것이다. 그렇다 해도 경극은 중국의 고유한 전통 문화가 집약된 정수라는 점은 분명하다. 앞으로 베이징을 여행하게 되면 장안대희원(长安大戏院)에 가서 경극 한 편을 꼭 관람해 보자.

경극 백사전

1 我 很想学太极拳。
很想再从头学一遍。
以后想做一些中韩文化交流方面的工作。

2 我希望 他能收我这个洋弟子。
通过这次学习，听说能力有较大的提高。
你们利用这次机会，在中国多走走，多看看。

3 能不能 一次放在星期六，一次放在星期三？
马上把课本发给我们？
拜您为师？

PART 08

我很想学太极拳。

나는 태극권이 무척 배우고 싶습니다.

학습 목표

1. 무언가를 배우는 것에 관한 표현을 익혀 봅니다.
2. '~하려고 하다', '~하고 싶다' 의 의미로 어떤 일을 하려는 의지와 바람을 나타내는 '想' 의 용법에 대해 알아봅니다.

4

哪儿	都	行。
谁		喜欢吃。
什么事		能干。

5 你最好

一星期学两次。
给我介绍一些中国历史方面的知识。
不要这么着急。
少说一点英语，多说一点汉语。

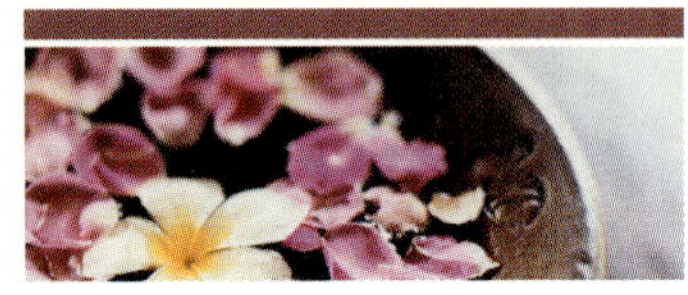

상황회화 ①

태극권에 관심이 많은 米切尔이 美珍에게 태극권에 관해 얘기하는데……

米切尔: 每天早上，我看到好多人在打拳舞剑，心里痒痒的，也想拜个
老师，学一门中国武术。

美珍 ： 我认识一位朋友，他太极拳打得很棒，有不少学生。

米切尔: 我能拜他为师吗？我很想学太极拳。

美珍 ： 那我问问他。

米切尔: 希望他能收我这个洋弟子。

美珍 ： 你有什么具体要求吗？

米切尔: 具体要求？

美珍 ： 我是说，你希望一星期学几次？

米切尔: 我想最好一星期学两次。

美珍 ： 放在哪一天比较合适？

米切尔: 能不能一次放在星期六，

一次放在星期三？

具体时间请老师决定。

美珍 ： 地点呢？

米切尔: 哪儿都行。

美珍 ： 那好，我去跟他商量商量，估计不会有什么问题。

단어 打拳 dǎ // quán 통 권술 훈련을 하다 ｜ 舞剑 wǔ // jiàn 통 칼을 휘두르다 ｜ 痒 yǎng 형 가렵다, 간질간질하다
｜ 拜 bài 통 공경하는 마음으로 상대방과 어떤 관계를 맺다 ｜ 拜A为师 A를 스승으로 삼다 ｜ 门 mén 양 과
목을 세는 양사 ｜ 武术 wǔshù 명 무술 ｜ 太极拳 tàijíquán 명 태극권 ｜ 洋弟子 yángdìzǐ 서양 제자 ｜
具体 jùtǐ 형 구체적이다 ｜ 估计 gūjì 통 평가하다, 짐작하다

96

01 의문사 + 都/也…

평서문에 의문대명사 '谁, 什么, 哪, 哪儿, 怎么' 등을 써서 '예외가 없음'을 나타냅니다.
이 경우 보통 뒤에 '都'나 '也'를 씁니다.

(1) 这事谁都知道。(任何人)

(2) 他哪儿也不想去。/ 他什么地方也不想去。/ 他哪个地方也不想去。
　　 (任何地方)

(3) 这车怎么修也修不好。(用任何万法)

02 呢

의문문의 끝에 쓰인 '呢'는 의문의 어기를 나타내는 어기조사입니다.
특히 의문 대명사가 있는 의문문이나, 선택 의문문, 반복 의문문에 쓰입니다.

(1) 这个道理在哪儿呢?

(2) 什么事呢?

03 想 – 조동사

조동사 '想'은 '~하고 싶다', '~하려 하다'의 뜻으로, 개인의 바람이나 계획을 나타냅니다.
다른 사람에게 완곡하게 요구나 부탁을 할 때도 많이 쓰입니다.

(1) 我想买双皮鞋。

(2) 老师, 我想请你帮个忙。

tip : 어기가 강한 '要'는 강렬한 바람이나 결정, 결심 등을 나타내지만,
　　　 어기가 약한 '想'은 어떤 생각, 계획을 가지고 있다는 것만을 나타냅니다.

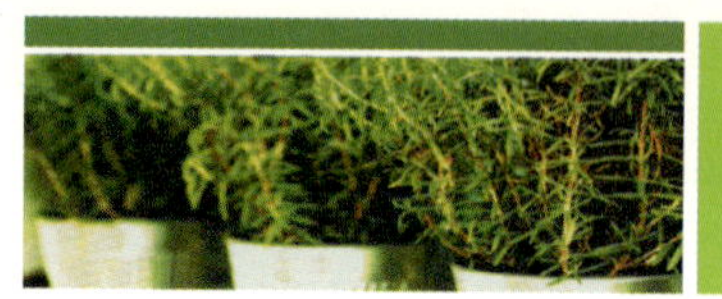

중국으로 막 유학 온 英雄, 美珍에게 이것저것 물어보는데……

英俊: 你早！

美珍: 你早！你这么早就起来了，昨晚没睡好吗？

英俊: 这是我在中国过的第一个晚上，心里很兴奋，一夜都没睡着。天一亮，就起来了，想出来走走看看。

美珍: 我刚来的时候也是这样，哪儿都想去，什么都想看，一切都是那么新鲜、有趣。

英俊: 在我还是小孩子的时候，中国就吸引着我。这是一个古老而美丽的国家，我从小就盼望着有一天能来中国。

美珍: 现在你的愿望终于实现了。我也非常喜欢中国，将来想做一些韩中文化交流方面的工作。现在得抓紧时间好好学习。

英俊: 你的汉语已经很不错了。

美珍: 还差得远呢，特别是听和说。

英俊: 我觉得学习语言，听和说是很重要的。现在我们每天听的、说的都是汉语。我要抓住机会多练习，希望短时间里听说能力得到很大的提高。

美珍: 这也许是所有留学生的愿望吧。

단어 一切 yíqiè 형 명 일체(의), 모든 (것) ｜ 吸引 xīyǐn 동 흡인하다, 끌어당기다 ｜ 古老 gǔlǎo 형 오래되다 ｜
盼望 pànwàng 동 바라다 ｜ 愿望 yuànwàng 명 희망, 바람 ｜ 抓紧 zhuā//jǐn 동 꽉 쥐다, 집중하다

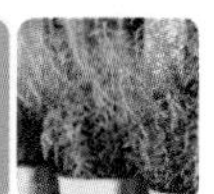

01 ···着 zháo

결과보어로서 동사 뒤에 붙어서, 목적에 도달했거나 결과 · 영향이 생겼음의 의미를 나타냅니다.
중간에 '得', '不'를 넣어 가능보어로 만들 수도 있습니다.

(1) 外面太吵了，我睡不着。

(2) A：那张票，我找了半天也没找着。

　　 B：找不着就算了，别找了。

02 听的 / 说的

여기에서의 '听的', '说的'는 '的'자 구조로서, 주어 역할을 합니다.
다음 문장에서 밑줄 친 부분은 모두 '的'자 구조가 주어 역할을 하는 경우입니다.

(1) <u>昨天来看我的</u>是我的汉语老师。

(2) <u>那位穿红毛衣的</u>是我姐姐。

(3) <u>上个月买的</u>已经用完了，今天得再去买一点儿。

1 A. 不努力　　　　B. 基础不好　　　　C. 不够聪明

2 A. 一夜没睡　　　　B. 睡不着　　　　C. 睡得很香

3 A. 她的汉语水平还不错　　B. 她有一个好老师
C. 她觉得学习汉语很不容易

4 A. 　B. 　C. 

5 A. 他把作业给忘了　　　　B. 他觉得女的作业交得太晚了
C. 他不知道上一次的作业是什么

6 A. 星期天　　　　　　　　B. 随便对方
C. 星期一到星期五都可以

7 A. 正在想一个问题　　　　B. 想知道外面谁在踢球
C. 想出去跟人一起踢足球

8 A. 他的父母亲都不在这儿　B. 事情虽然多，但他不觉得忙
C. 他请别人帮忙照顾他的孩子

9 A. 原来的工作太累　　　　B. 原来的工作钱太少
C. 原来的工作他不喜欢

10 A. 已经很好了　　　B. 还要好好儿练　　C. 不用再学了

听说你想跟我练习汉语口语？那再好没有了！不过，我也有一个要求，能不能跟你练习韩语口语？我是韩语系毕业的，在北京的一家韩国公司工作，老板要求我能说一口流利的韩语。现在我的读写能力还可以，但听说水平不高。所以，我希望利用这次机会，在听说能力方面有比较大的提高。我们是不是可以一个小时说韩语，一个小时说汉语，你看怎么样？我除了星期六、星期天以外，哪天晚上都有空，具体时间你决定吧。

▶▶▶ 단문을 보고 질문에 맞는 답을 쓰세요.

1 说话的是个什么人？她在跟谁说话？

____

2 她们俩各有什么希望？

____

3 在时间上，说话人有什么要求？

____

▶▶ 빈칸에 알맞은 단어를 골라 넣으세요.

想　　要　　愿望　　希望　　能

1 我______听听您的"国际金融"课，可以吗？

2 ______你能认真考虑一下我的建议。

3 你_____不_____说得具体一点？

4 祝你早日实现自己的______。

▶▶ 괄호 안의 어휘를 이용해 문장을 완성하세요.

5 A: 你想去哪儿？

B: 我______________。（哪儿，都）

6 A: 我什么时候可以去拜访您？

B: 随便，你______________。（什么时候，都）

7 我希望将来______________。（韩中文化交流，方面）

8 我希望______________（打，基础）。
要是基础不扎实，以后就不可能有较大的进步。

▶▶ **다음을 중국어로 써 보세요.**

1 이 일은 누구라도 다 안다. (都)

2 그는 아무것도 먹지 않았다. (也)

3 밖이 너무 시끄러워서 나는 잠을 이룰 수가 없다. (着)

4 나는 태극권을 무척 배우고 싶다. (想)

5 붉은 스웨터를 입은 저 사람은 우리 언니이다. (的)

6 이런 이치가 어디 있는가? (呢)

7 장소는? 아무 데나 좋아. (呢 / 哪儿)

易如反掌 _yì rú fǎn zhǎng

**손바닥 뒤집는 것처럼 쉽다는 뜻으로,
일이 매우 쉬움을 이르는 말이다.
우리 속담의 '식은 죽 먹기'와 일맥상통한다.**

한번은 공손축(公孙丑)이 그의 스승인 맹자(孟子)에게 물었다. "선생님께서 만일 제나라에서 정치를 맡는다면 관중(管仲)이나 안영(晏嬰)처럼 업적을 세울 수 있겠지요?" 관중과 안영은 둘 다 제나라의 재상을 지낸 사람들로서 매우 유명한 인물이었다. 하지만 맹자는 이 질문에 불쾌해하면서 말했다. "너는 어떻게 나를 그 두 사람과 비교하느냐?" 공손추는 맹자의 말을 듣고 의아해하며 물었다. "관중은 제환공(齐桓公)을 도와서 천하를 재패했고, 안영은 제경공(齐景公)을 도와서 세상에 이름을 떨쳤습니다. 그들은 모두 대단한 인물이니, 우리가 본받을 만하지 않습니까?" 하지만 맹자는 이렇게 말했다. "제나라는 땅이 넓고 인구가 많으니, 원래도 전혀 힘들이지 않고 천하를 통일할 수 있었다. 그건 마치 자기 손바닥을 뒤집는 것처럼 쉬운 일이었지[易如反掌]." 맹자는 관중과 안영이 부강한 나라에서 군주의 전폭적인 신뢰를 얻는 지위에 있으면서도 왕도(王道) 정치를 실현하지 못했기 때문에 그들의 업적을 높이 평가하지 않았던 것이다.

예문

放轻松点，这种任务对我们来说是易如反掌的事。

긴장 풀어. 이런 임무는 우리에게는 식은 죽 먹기야.

중국에서의 한류

한국과 중국의 교류 가운데 특히 두드러진 것
이 90년대 후반부터 일기 시작한 '한류(韓流)'
이다. 1992년 국교를 맺었어도 중국인들은 한
국에 대해 별로 아는 바가 없었다. 그런데
1997년 연속극 『사랑이 뭐길래[爱情是什么]』
와 1998년 클론[酷龙]이 중국에서 한류의 바

한류 드라마(대장금)

람을 일으키면서 많은 중국인들이 한국 대중 문화에 관심을 가지게 되었다.

한류의 가장 대표적인 영역은 텔레비전 연속극이다. 1997년 『사랑이 뭐길래』 이
후 『별은 내 가슴에[星梦奇缘]』, 『대장금[大长金]』 등 100편 이상이 중국에서 방
송되었고, 최근에는 한국 탤런트가 출연한 중국 드라마나 한중 합작 드라마도 만
들어지고 있다. 대중 음악 분야에서도 1998년 클론[酷龙]을 시작으로 HOT와
NRG가 커다란 성공을 거두었으며, 베이비복스, SES, 핑클, 이정현, 조성모 등이
우상이 되었다. 영화 분야에서도 『쉬리[生死谍变]』, 『엽기적인 그녀[我的野蛮女
友]』 등이 방영되었다. 최근에는 10대를 독자층으로 하는 한국의 인터넷 연애소설
이 서점을 점령하는 등 한류의 범위가 점점 더 넓어지고 있다.

한류 속에는 동서양의 여러 가지 문화가 복합되어 있다. 한국 밴드의 공연은 서양
의 록큰롤과 다름없이 강렬한 음향과 색채를 특징으로 한다. 그러나 한국의 대중
음악 속에는 학교문제나 사회문제 등 중국 학
생들이 감히 표현하지 못하는 과감한 부분도
들어가 있다. 다른 한편 한국 연속극 가운데 가
정의 단란함과 일상의 분위기는 아시아 문화의
인정을 중시하는 특징이 깃들어 있다. 일본 연
속극에 비해 한국의 극은 유교의 전통문화를
더 많이 가지고 있으며, 애정에 더 철저하고 충
실한 특징이 있어서 중국인에게 더 친근한 듯
보인다.

한류 스타들

memo

memo

memo

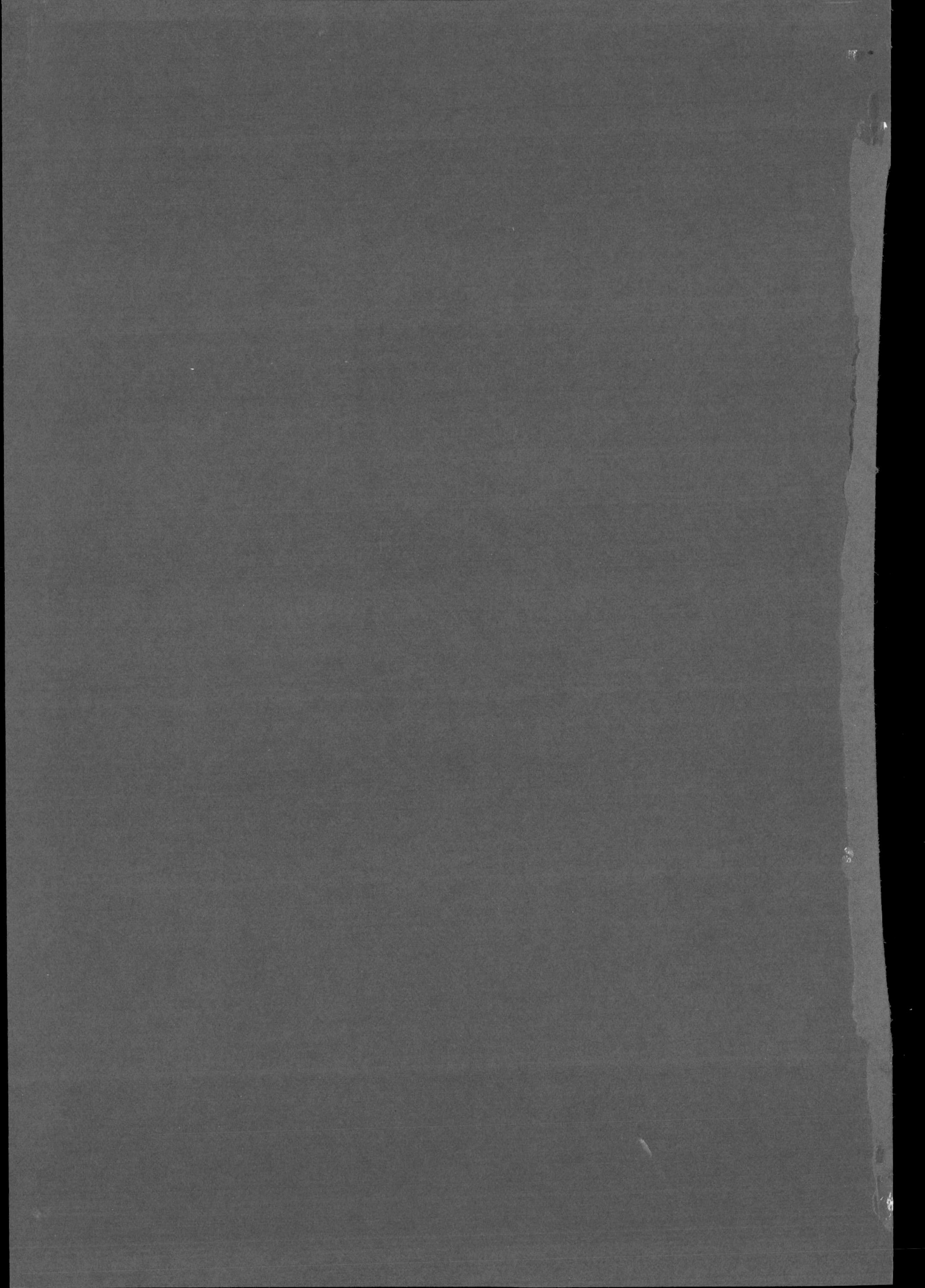